SIMON+LEUTNER

ORPHEUS-Handbuch
Die Wirkung der Rhythmen
unserer Erde auf
Körper, Seele und Geist
**Hans Cousto und
Matthias Pauschel**

EDITION HARMONIK

Deutsche Erstausgabe
1. Auflage
© 1991 Hans Cousto / Matthias Pauschel
ISBN 3-922389-43-0

Verlag Simon + Leutner
Oranienstraße 24, W-1000 Berlin 36
Telephon: 030-615 28 98

Texterfassung durch die Autoren
Satz: Herbert von Brandenstein, München
Gesetzt in 11 Punkt Goudy
Umschlaggestaltung: Matthias Pauschel
Grafische Gestaltung des Orpheus - Logos: B. R. Mauler
Printed in Germany

Die Deutsche Bibliothek - CIP - Einheitsaufnahme
Cousto, Hans:
Orpheus – Handbuch: Die Wirkung der Rhythmen
unserer Erde auf Körper, Seele und Geist
/ Hans Cousto und Matthias Pauschel.
- Dt. Erstausg., 1. Aufl. - Berlin:
Simon und Leutner, 1992
    (Edition Harmonik)
      ISBN 3-922389-43-0
NE. Pauschel, Matthias:

ORPHEUS-HANDBUCH

Die Wirkung der Rhythmen unserer Erde auf Körper, Seele und Geist

Ein Leitfaden
für Theorie und Praxis

von
Hans Cousto und Matthias Pauschel

INHALTSÜBERSICHT

EINLEITUNG
Harmonie und Metaphysik	13
Körper, Geist und Seele – eine Einheit?	16
Ich denke, also bin ich	17
Ich fühle, also bin ich	18

KAPITEL I
EIN ANTIKER MYTHOS
Was ist ein Mythos?	21
Archetypen – mythologische Urbilder	23
Morphogenetische Felder	25
Die Sintflut, ein weltumspannender Mythos	26
Mythos und Musik	27

KAPITEL II
ORPHEUS, EINE STETS LEBENDIGE MYTHISCHE GESTALT
Orpheus, der thrakische Sänger	29
Orpheus und Eurydike	31
Orpheus und die Knabenliebe	34
Orpheus, der Musenführer	35

KAPITEL III
ORPHEUS IM SPIEGEL DER KULTURGESCHICHTE
Orpheus als „Modell" der schönen Künste	37
Orpheus als Inspiration berühmter Komponisten	38
Orpheus in Literatur und Theater	39
Orpheus in der Gegenwart	42

KAPITEL IV
MUSIK DES KOSMOS
Sphärenharmonie	45

Inhalt

Makrokosmos und Mikrokosmos	49
Wissen und Weisheit	53
Klänge und Maße als kosmische Abbilder	57

KAPITEL V
DAS OKTAVGESETZ – DIE VERBINDUNG ZWISCHEN HIMMEL UND ERDE

Die Oktave – ein kosmisches Bindeglied	61
Die Sphärenharmonien im alten China…	63
…und im heutigen Abendland	63
Die Rhythmen der Erde	65
Zeit, Frequenz und die Oktave	67

KAPITEL VI
DIE URSCHWINGUNG DES ERDENTAGES

Beobachtbare Rhythmen	69
Maßeinheiten und der Kammerton	69
Willkürliche und kosmische Stimmung	71
Der Violinschlüssel zeigt die 25. Oktave des Tages an	73
Orangerot ist die Farbe des Tages	74
Wer orangerote Kleider trägt, dynamisiert seine DNS	75
Tagestonfrequenzen in der Natur	77
Der Tageston „G" hat eine dynamisierende Wirkung…	80
…und ist für präorgastische Sequenzen geeignet	80
Energieströme im Menschen	81
Die Kundalini und die Chakren	81
Der Tageston „G" wirkt auf das Wurzelchakra	85
Die Dynamik des Tagestones in der abendländischen Gesellschaft	87

KAPITEL VII
VOM FERNEN OSTEN UND DEM MITTELMEERRAUM

Die magische Anziehungskraft des fernen Ostens	91
Am Anfang war…	91

Von der Macht der Sprache im Ritual	92
Im Einklang mit dem Göttlichen durch den Ton	93
Der Gott der Juden, Christen und Moslems spricht und erläßt Gesetze und Verbote...	95
...während die Götter der Inder tanzen und musizieren	95

KAPITEL VIII
DIE URSCHWINGUNG DES ERDENJAHRES

Brahman und Atman	97
Indische Tempelmusik ist kosmisch gestimmt	99
Die mathematische Grundlage der heiligen Silbe „Om"	101
Einstimmung in den Erdenklang	101
Pflanzenwachstum und Musik	103
Die Funktion des Nervensystems wird im Rhythmus des Jahrestones „Om" gesteuert	104
Die seelisch entspannende Wirkung des „Om" hat biologische Ursachen	106
Das morphogenetische Feld des „Om"	106
Der Jahreston wirkt auf das Herzchakra	107

KAPITEL IX
DIE URSCHWINGUNG DES PLATONISCHEN JAHRES

Astronomische Grundlage	109
Das Wassermannzeitalter	111
Die Bewegung von Himmel und Erde im alten China	111
Ho T'u – Der schöpferische Strom	113
T'ai Chi – Das höchste Prinzip	115
Das Platonische Jahr im alten China	117
Der Ton des Platonischen Jahres	119
Geist und Schwingung	120
Der Ton des Platonischen Jahres ist das Tor zum geistigen Himmel	122

Inhalt

KAPITEL X
DIE GRUNDSCHWINGUNGEN DER ERDE
Rhythmus, Klang und Evolution   123

KAPITEL XI
ORPHISCHE TÖNE
Vom Wesen der Orphischen Töne   127
Wissenschaft und Philosophie   128
Soma   129
Psyche   129
Code   130
Entsprechungen   131
Ton, Biologie, Philosophie, Physik   132

KAPITEL XII
ORPHISCHE MAßE IM ALTEN ÄGYPTEN
Architektur und Musik   133
Die ägyptischen Längenmaße   133
Die Lichtzeiten der ägyptischen Längenmaße 136
Die ägyptischen Längenmaße und die Orphischen Grundtöne 136

KAPITEL XIII
MENSCHLICHE EVOLUTION UND TECHNIK
Das menschliche Umfeld und die Sinnesorgane 139
Wissenschaft und Kritik   141
Maschinen für die Seele?   143
Willkürliche und kosmische Induktion   144
Orphische Klänge zur Stimulierung des Gehirns 145

KAPITEL XIV
FREQUENZ - FOLGE - REAKTIONEN
Aus Forschung und Wissenschaft   147
Gehirnwellen und Bewußtseinsebenen   148
Orphische Frequenzfolgen   150

Die Frequenzfolge des Tagestones	150
Die Frequenzfolge des Jahrestones	154
Die Frequenzfolge des Tones des Platonischen Jahres	155

KAPITEL XV
OPTISCHE INDUKTIONEN

Das dritte Auge	157
Ich sehe, also bin ich – oder von der Kunst, das Denken abzustellen	157
Das schlafende Auge	158
Die ORPHEUS-Brille stimuliert das dritte Auge	159
Sehen ohne zu schauen	159
Synchronisation durch Lichtimpulse, pulsierend und alternierend	161
Die Frequenzen der Lichtimpulse	164

KAPITEL XVI
DAS DRITTE OHR

Hören mit dem dritten Ohr	165
Das Wort ward Fleisch und wohnte unter uns	166

KAPITEL XVII
SET UND SETTING

Begriffsdefinition	169
Chaotisches Set und Setting	170
Wissen und Urvertrauen	172
„Urtöne" erzeugen Urvertrauen	173
Kosmisches Set und Setting	174
Gestaltung des Set und Setting	175

ANHANG I
1. ORPHEUS ® – DAS INSTRUMENT

Technische Realisierung	179
Über ASIC, C-MOS und SMD	182
Quarze und der ORPHEUS-Chip	183

2. BEDIENUNGSANLEITUNG
Bedienelemente und Anzeigen 186

3. KONTRAINDIKATIONEN
Der Einfluß auf Psyche und Bewußtsein 198
Der Einfluß auf das Schmerzempfinden 199
Bei Katatonie und Epilepsie ORPHEUS
niemals anwenden 199

4. TECHNISCHE DATEN
Auflistung technischer Parameter 202

ANHANG II
BRAINMAN ® – CRANIALER ELEKTRO-STIMULATOR
Wissenswertes über Hirnwellenstimulation 205
Harmonikale Bio-Kybernetik 210
Brainman-Gebrauchsanweisung 215

ANMERKUNGEN / BIBLIOGRAPHIE 229

LITERATURHINWEISE 239

WEITERE HINWEISE ZUM THEMA
Bücher 243
Stimmgabeln 246
Tonträger 247
Musikinstrumente 248
Bezugsquellen 248

ORPHEUS® ist ein eingetragenes Warenzeichen der Firma Orpheus GmbH in München.

BRAINMAN® ist ein eingetragenes Warenzeichen der Firma A. Wunsch Medizingeräte in Heidelberg.

12

EINLEITUNG

Harmonie und Metaphysik

„Man denke sich den Orpheus, der, als ihm ein großer wüster Bauplatz angewiesen war, sich weislich an dem schicklichsten Ort niedersetzte und durch die belebenden Töne seiner Leier den geräumigen Marktplatz um sich her bildete. Die von kräftig gebietenden, freundlich lockenden Tönen schnell ergriffenen, aus ihrer massenhaften Ganzheit gerissenen Felssteine mußten, indem sie sich enthusiastisch herbeibewegten, sich kunst- und handwerksgemäß gestalten, um sich sodann in rhythmischen Schichten und Wänden gebührend hinzuordnen. Und so mag sich Straße zu Straße anfügen! An wohlschützenden Mauern wird's auch nicht fehlen. Die Töne verhallen, aber die Harmonie bleibt. Die Bürger einer solchen Stadt wandeln und weben zwischen ewigen Melodien, der Geist kann nicht sinken, die Tätigkeit nicht einschlafen, das Auge übernimmt Funktion, Gebühr und Pflicht des Ohres, und die Bürger am gemeinsten Tage fühlen sich in einem ideellen Zustand, ohne Reflexion, ohne nach dem Ursprung zu fragen, werden sie des höchsten sittlichen und religiösen Genusses teilhaftig."
    Johann Wolfgang v. Goethe, „Maximen und Reflexionen"[1]

In diesen von Goethe zum Ausdruck gebrachten Gedanken schwingt die Überzeugung mit, daß es einen Zusammenhang aller Dinge gebe und sich dieses Alles nach einem zentralen, harmonischen Sinne orientiere und damit die Welt heile. Schon zur damaligen Zeit postulierte er die Ansicht: „…*man kann in den Naturwissenschaften über manche Probleme nicht gehörig sprechen, wenn man die Metaphysik nicht zu Hilfe ruft…*" und er meinte damit „*das unmittelbare Gewahrwerden der Urphänomene*" und ihrer Bedeutung. [2]

Für Goethe spielte nicht nur die reine Naturbeobachtung eine wesentliche Rolle für deren Verständnis, sondern stets auch das Empfinden und das sinnliche Erleben derselben. Die Gefahren, die einer rein physikalischen Beobachtung der Natur innewohnen, be-

Einleitung

Abb. E/1

Mittelalterliches Weltbild
Der Holzschnitt wird oft fälschlich einem anonymen Meister um 1530 zugeschrieben. Tatsächlich jedoch wurde er Ende letzten Jahrhunderts im Auftrage des Pariser Astronomen Flammarion gefertigt. Der Drang des Menschen hinter die Kulissen des direkt Wahrnehmbaren zu schauen, wird in dieser Darstellung recht deutlich gezeigt.

Einleitung

schreibt er sehr deutlich in der Auseinandersetzung mit dem Vorgehen eines Isaac Newton im polemischen Teil seiner *Farbenlehre*. Trotzdem haben seit dieser Epoche der kulturellen Hochblüte, deren geistiges Fundament durch künstlerische Genies wie dem Weltbürger Goethe für unsere Zeit erhalten geblieben ist, die Naturwissenschaften ihren Siegeszug durch die Weltgeschichte angetreten und bestimmen heutzutage maßgeblich alle Bereiche unseres Seins.

Doch auch im zwanzigsten Jahrhundert gab es große Naturforscher, die in ihren Schriften auf die sinnliche Komponente des Weltverständnisses hingewiesen haben. So ist das Buch „*Der Teil und das Ganze*" – eine naturwissenschaftliche Abhandlung über die Grundlagen der Physik von dem Nobelpreisträger *Werner Heisenberg* – durchzogen mit gleichnishaften, bedeutungsvollen Begegnungen mit der Natur.

Werner Heisenberg war ein naturverbundener Mensch, liebte die Musik und spielte vortrefflich Klavier. Als er den Nobelpreis für Physik erhalten hatte, den höchstdotierten Preis für eine hervorragende physikalische Entdeckung, gönnte er sich zuallererst von dem Geld einen neuen Flügel der exklusiven Marke Blüthner. Mit seiner Liebe zum musikalischen Spiel gesellt sich Heisenberg zu anderen Größen der Physik unseres Jahrhunderts, so zu Max Planck, dem beim Anhören der Obertöne (einem Urphänomen der Akustik) die Idee der Quantentheorie kam, oder auch zu Albert Einstein, welcher sich gerne in seiner Freizeit dem Geigenspiel widmete.

In seinem Buch „*Physik und Philosophie*" [3] beschreibt Heisenberg deutlich, wie ihm gewisse Eigenschaften der Natur zu denken gaben, ja ihn geradezu quälten, da er sie nicht in ein gesamtes Weltbild der Beobachtung einpassen konnte. Er mußte für das Weltverständnis hinter die Kulissen der eigentlichen Wahrnehmung schauen. Dieses hinter den Dingen nachschauen nennt man nicht mehr *Physik*, sondern *Metaphysik*. Das Wort *Physik* ist der griechischen Sprache entlehnt und kommt von dem Begriff *Physis*. Der *Physis* sind die Dinge zugehörig und die *Physik* ist die Wissenschaft der Körper. Das Wort *meta* kommt auch aus dem Griechischen und bedeutet *hinter* oder *über*. Die *Metaphysik* ist darum die Wissenschaft, die die Phänomene beschreibt, die sich hinter den manifest beobachtbaren Dingen abspielen.

„Ich erinnerte mich an viele Diskussionen mit Bohr, die bis spät in die Nacht dauerten und fast in Verzweiflung endeten. Und wenn ich am Ende solcher Diskussionen noch allein einen kurzen Spaziergang im benachbarten Park unternahm, wiederholte ich mir immer und immer wieder die Frage, ob die Natur wirklich so absurd sein könne, wie sie uns in diesen Atomexperimenten erschien." [3]

Körper, Geist und Seele – eine Einheit?

Die Welt der körperlichen Dinge ist, wie oben schon erwähnt, die *Physis*. Die der physischen Welt zugehörige Wissenschaft beschränkt sich jedoch nicht auf die reine *Physik*, sondern umfaßt das ganze Gebiet der sogenannten *exakten Naturwissenschaften*, dem zum Beispiel auch der Bereich der *Chemie* zugehörig ist.

Die *Geisteswissenschaften* nennt man allgemein auch *philosophische Wissenschaften*. Diesen ist nicht nur die reine *Philosophie* zugehörig, sondern zum Beispiel auch die Lehre der *Sprachen*, der *Geschichte* und der *Kultur*. Wörtlich übersetzt heißt *Philosophie: Liebe zur Weisheit*.

Das Wort *Seele* heißt auf Griechisch *Psyche*. So nennt man die „Wissenschaft der Seele" allgemein *Psychologie*. Der Begriff *Logos* bedeutet soviel wie: *Wort, Verstand*. Die Psychologie versucht mit Hilfe des Verstandes die Regungen der Seele in festdefinierte Worte zu fassen und zu erklären.

Dieses Buch handelt sowohl von körperlichen Erscheinungen und dinglichen Phänomenen, als auch von seelischen Höhen und Tiefen der Menschen und ebenfalls vom Geist, der alles zu erkennen versucht. Es ist darum ein physikalisches, psychologisches wie auch philosophisches Buch. Doch es ist nicht nur dieses: Da der Versuch unternommen wird, die Wechselwirkungen zwischen diesen drei Ebenen zu durchschauen und einige Eigentümlichkeiten derselben zu erhellen, ist dieses Buch vornehmlich auch ein metaphysisch geprägtes Buch.

Die Wirkung der Rhythmen unserer Erde auf Körper, Seele und Geist – dieses Thema birgt in sich eine grundsätzliche metaphysische Fragestellung, die als eines der zentralen Themen abzuhandeln sein wird:

Warum ist dem „normalen" Leser, also einem in westlicher Denkweise Ausgebildeten, zwar das Wort „Körper" ein „Begriff", wohingegen er „Geist" und erst recht „Seele" wahrscheinlich kaum oder nur unscharf definieren kann – oder bei letzterer womöglich ganz bestreitet, daß es so etwas überhaupt gibt?

Die Ursache liegt in der Weltanschauung begründet, in jener Art und Weise, wie Denkraster und Wertesysteme einen Jeden prägen und für bestimmte Bereiche der Wirklichkeit besonders sensibel und klarsichtig, für andere wiederum geradezu ignorant und blind machen. Die gegenwärtig global vorherrschende Weltsicht ist die der „Ersten Welt", auch „Der Westen" genannt. Sie wurzelt in den geistigen Traditionen des Abendlandes und ist maßgeblich von dem Gedankengut der historischen Epoche der *Aufklärung* bestimmt worden.

Ich denke, also bin ich

René Descartes bekannter Satz „*Cogito ergo sum*" – Ich denke, also bin ich – drückte das Credo dieses Zeitalters aus. [4], [5]. Die Natur wurde von *Descartes* in zwei getrennte und unabhängige Bereiche unterteilt, die „*res cogitans*" – das denkende Ding und die „*res extensa*" – die ausgedehnten Dinge (materielle Körper).

Die „res cogitans" beschreibt *Descartes* in seinem bekanntesten Buch „*Discours de la Méthode*" in Form von Regeln bezüglich der richtigen Methode des Gebrauchs der Vernunft. So postuliert er: „*niemals eine Sache als wahr anzuerkennen, von der ich nicht evidentermaßen erkenne, daß sie wahr ist*" [6].

Das aber heißt zugleich, „*über nichts zu urteilen, was meinem Denken nicht so klar und deutlich (si clairement et si distinctement) darstellte, daß ich keinen Anlaß hätte, daran zu zweifeln*". *Descartes* sieht die Idee der Wissenschaft in der Mathematik (griechisch: Mathema = Wissenschaft) verkörpert. Diese Orientierung resultiert aus seiner Forderung nach völliger Klarheit und Deutlichkeit unserer Gedanken als Kriterien der Wahrheit.

Die „*res extensa*" bedeutet für *Descartes* die betrachtete Welt. Ihr zugehörig sind Begriffe wie: Gestalt und Ausdehnung oder Bewegung und Dauer, beziehungsweise Zeit. [7]

Die Teilung der Welt in zu analysierende Dinge oder Gegenstände einerseits und den Menschen als den alles Beobachtenden und Betrachtenden anderseits stellte das Wissen über das Sein und erschuf so einen neuen Typus: Den „Wissenschaftler" als rationalen Beobachter einer Ansammlung verschiedenster Objekte, die sich miteinander zu einer gewaltigen Maschine zusammenfügen.

Ich fühle, also bin ich

Im Gegensatz zum reinen rationalen Denken, wie es *Descartes* postulierte, steht das intuitive Erfühlen der Dinge. Man nennt dieses: *Animismus* (lateinisch anima = Seele). Animismus beinhaltet den Glauben an Geisterkräfte als Ursachen der Wirkungen der Natur, ja an die Beseeltheit der ganzen Natur. Alle Naturreligionen, alle Mythen und Märchen, wie auch viele große Kulturen, wurzeln im Animismus.

Einleitung

Seit der Französischen Revolution verdrängte die Ansicht, daß das rationale Denken dem intuitiven Erleben übergeordnet sei, in unseren Breiten vielerorts die hermetischen, spirituellen und esoterischen Geisteshaltungen, begründete mit dem „*Technischen Fortschritt*" die Neuzeit und wird gegenwärtig jedem Schulkind eingeimpft.

Ganz ausrotten ließ sich der „Aberglaube", daß alle Dinge beseelt seien, ihnen Kräfte innewohnen, bis heute nicht. Sie bieten sich in unserer Gesellschaft als Alternativen an: Die Homöopathie und die Naturheilkunde konkurrieren mit der klassischen Medizin, spirituelle Sekten, Logen und Orden mit den etablierten christlichen Konfessionen, die Astrologie und die hermetischen Wissenschaften mit der Astronomie und den reinen Naturwissenschaften. Der Wettbewerb zwischen der das Intuitive und der das Rationale bevorzugenden Denkungsart ist in vollem Gange.

Neuerdings verstärkt sich, wohl sicher beeinflußt durch die weltpolitischen Entwicklungen jüngster Zeit, die Ansicht, daß in der blinden polarisierenden Konfrontation wenig schöpferische Substanz enthalten ist, solange sie darauf aus ist, ihr Gegenteil zu vertilgen. Der Wille zu Offenheit und Umgestaltung (Glasnost und Perestroika) haben für viele Menschen aufregend neue, vorher undenkbare Situationen entstehen lassen.

Analog dazu sind die eben lesend aufgenommenen Gedanken für die Entwicklung und Gestaltung des Projektes ORPHEUS mit in Betracht zu ziehen.

Für den Theoretiker, der erst wissen will, auf was er sich einläßt, vergleichen und abwägen möchte, gibt es dieses ORPHEUS- Handbuch, in dessen Anhang der genaue technische Aufbau des Instrumentes ORPHEUS beschrieben wird. Dieses ist für den Praktiker geschaffen, der erleben, sich hineinfallen lassen und fühlen will, um zur Erkenntnis zu gelangen. Theorie und Praxis lassen sich auch vereinigen. So kann beim Lesen natürlich auch dem Klang des

Einleitung

ORPHEUS gelauscht werden und so – wie beim *Superlearning* – das Gehirn zur besseren Aufnahme der im Text wiedergegebenen Inhalte direkt stimuliert werden.

In diesem ORPHEUS - Handbuch bieten wir eine theoretische Auseinandersetzung mit den Grundlagen an, die dem Gerät implementiert sind, und die Ausführungen werden, soweit möglich, in (streng) wissenschaftlicher Form präsentiert: Von den zugrundeliegenden, naturgegebenen Prinzipien, über die daraus ableitbaren Konsequenzen bis hin zu den logischen Schlußfolgerungen. Das Buch ist nicht nur ein Leitfaden für Theorie und Praxis, sondern vermittelt jedem aufmerksamen Leser viel Hintergrundwissen über das Zusammenwirken verschiedenster Schwingungsebenen.

Im Anhang werden die Instrumente beschrieben, die man als Hilfe gebrauchen kann, um sich selbst in den universellen Einklang einzustimmen. Diese führen bei den Anwendern zu einer Resonanz, die der Einstimmung auf einen harmonischen, gesunden und energetischen Zustand hin förderlich ist.

KAPITEL I

EIN ANTIKER MYTHOS

Was ist ein Mythos?

Ein Mythos ist mehr als nur eine altertümliche Geschichte mit manchmal grotesk überzeichneten Figuren und unrealistischen Inhalten. Vor der Erfindung der Schrift war er das hauptsächliche Medium zur Bewahrung und Vermittlung von Wissen. In ihm finden sich die Erkenntnisse und Weisheiten, die von den Menschen der frühesten Kulturen als verinnerlichte Erfahrungen gesammelt, über Generationen mündlich und dann als erste schriftliche Erzeugnisse uns überliefert wurden.

Mythos ist ein griechisches Wort und bedeutet: Wort, Rede, Erzählung oder auch Fabel. Mythen sind meist Erzählungen, die die „letzte Fragen" des Menschen nach sich selbst, wie auch Fragen nach seiner als übermächtig und geheimnisvoll empfundenen Umwelt artikulieren. Sie versuchen Erscheinungen von ihren Ursprüngen her verständlich zu machen, also ihre tiefere Bedeutung mit einzubeziehen.

So beinhaltet der Mythos eine der modernen wissenschaftlichen Vernunft unerreichbare, tiefere Weisheit. Intellektuelles – einseitig vom Verstand geleitetes – Denken führt ja nicht zur Erkenntnis, sondern steht in einem Gegensatz dazu. Dieser Widerspruch rührt daher, daß sich die Sprache nicht dazu eignet, innerste Erfahrungen mitzuteilen, da diese die Grenzen der Linguistik übersteigen. Die mythische Sprache versucht, dieses Korsett zu sprengen, indem sie ihre Aussagen in eine weniger eindeutige, strikte Form kleidet. Allegorien, Metaphern, Gleichnisse und Symbole stellen wohl die größtmögliche Annäherung an die Wirklichkeit dar, die mit Worten vollbracht werden kann.

Der Mythos birgt in sich das stets mögliche Andere der Vernunft (Logos). Er untergräbt die mühsam errungene Herrschaft des Logischen mit archaischer, subversiver Kraft und ist in der vom Logos her durchstrukturierten „entzauberten Welt" ein lebensnotwendiges Korrektiv des zweckgerichteten, rationalen Denkens. Vielleicht stellt er für die Ausbildung der persönlichen Weltanschauung und Welterfahrung sogar die bessere Alternative dar, denn er wurzelt in den Lebenserfahrungen vieler Generationen und vermittelt eine Vorstellung von dem, was im Leben wertvoll ist.

Im Mythos werden auch Werte der Ethik und Traditionen der Sittenlehre überliefert. Somit beantworten Mythen auch Fragen des richtigen Handelns in schwierigen Situationen und können diesbezüglich gute Entscheidungshilfen sein. Der Niedergang der Ethik in der modernen Gesellschaft wie die Verdrängung mythischen Bewußtseins aus dem heutigen Denken sind unter anderem eine Folge der technischen Revolution, verbunden mit einer immer anonymer werdenden Wirtschafts- und Gesellschaftsstruktur.

„Der geheimnisvolle Schauder, der die Menschen des Mittelalters befiel, wenn sie Hexen und Zauberer witterten, wäre berechtigter unserer Rüstungsindustrie, ihren dienstbaren Rechnern und Chemikern und ihren Zeitungsschreibern gegenüber. Der Teufel, der Buhle der Hexen und der Meister der Schwarzkünstler, ist ein sehr konkreter Geist. Aber Hörner hat er keine. Dafür weit gefährlichere Waffen. Die schlimmste: das anonyme Gesicht.
Der Mensch, der Rüstungspapiere kauft, der seine im Konfiserieladen verdienten Franken in eine kleine Munitionsbude steckt, ohne »Bosheit«, nur geleitet von dem naiven Gedanken, Profit zu machen, steht im Dienste des anonymen Bösen. Aus der Summierung ungezählter kleiner, blinder Egoismen entsteht die Macht, welche die Räder der Entwicklung treibt gleich der Wassermasse, die sich in die Turbine stürzt."

Diese im Jahre 1933 von dem Schweizer *Alfred Fankhauser* [1] niedergeschriebenen Gedanken, haben bis heute nichts von ihrer

Aktualität verloren. Sie charakterisieren eine Gesellschaft ohne Metaphysik, eine willkürliche Zusammenballung von kalkulierenden Individuen, orientiert an ihren Sonderzwecken. Es fehlt diesem Gebilde der „göttliche Funke", ein dem Ganzen innewohnender Einklang, eine Ordnung, wie sie sich beispielsweise beim Betrachten eines vorbeifliegenden Vogelschwarms vermittelt.

Anscheinend hat hier jedes Einzelne ein Organ, das es befähigt, harmonisch im Ganzen aufzugehen. Es ist nicht anzunehmen, daß sich der moderne Mensch dermaßen von allem, was da kreucht und fleucht unterscheidet, daß er über solche Fähigkeit nicht verfüge. Die Wahrheit liegt wohl eher in der Erkenntnis, die der Franzose *De Montaigne* angesichts des Heraufdämmerns der Neuzeit, im 17. Jahrhundert, so ausdrückte: *„Laßt Euch nicht aus Euch selbst vertreiben, sie wollen Euch zum Markte bringen und verbrauchen."*

Archetypen - mythologische Urbilder

Mythen sind Ausdruck menschlicher *„Archetypen"*. Ein *Typ* ist ein Muster, ein Bild, eine (Eigen)Art. *Arche* bezeichnet etwas Grundsätzliches, etwas welches dem anderen vorausgeht. Man darf in diesem Zusammenhang ruhig Noahs Schiff assoziieren: Von der „Arche" stammt jede Kreatur ab, die danach kommt. Das Wort Archetypus ist dem Griechischen entnommen und bedeutet *„Urform"* oder *„Urbild"*. Es wurde auch im Sinne von *„das zuerst Geprägte"* gebraucht. [2]

In der Biologie ist der Archetypus die hypothetische Stammform einer Organisationsgruppe und verdeutlicht in idealisierter Weise das Bauprinzip dieser Gruppe. Der Archetypus ist das Grundmodell in der Stammesgeschichte.

In der antiken Philosophie, besonders bei *Philon* und *Plotin*, ist der Archetypus die Grundlage der Idee des Seienden. Der Philosoph

23

Immanuel Kant unterschied in der „*Kritik der Urteilskraft*" [3] den „*intellectus archetypus*" *(das schauende Denken Gottes),* was der ästhetischen Idee in den bildenden Künsten entspricht *(Archetypon),* vom „*intellectus ectypus*" *(dem Denken im Menschen),* das auf Nachbilder angewiesen ist. In der Kunst entspricht dies der nachgebildeten, räumlichen Gestalt *(Ektypon).*

Den Begriff „*Archetypus*" hat *Johannes Kepler* in die Disziplin der Psychologie eingeführt. Er gebraucht ihn im Buch IV seiner „*Weltharmonik in fünf Büchern*". [4] Dieses vierte Buch seiner Weltharmonik trägt den Titel: „*Metaphysisches, psychologisches und astrologisches Buch. Das geistige Wesen der Harmonien und ihre Arten in der Welt. Im besonderen die Harmonie der Strahlen, die von den Himmelskörpern herabkommen, und ihre Einwirkung auf die Natur oder die sublunarische Seele und die menschliche Seele.*"

In neuerer Zeit gebrauchte der Schweizer Psychiater *Carl Gustav Jung* den Begriff des Archetypus zur Beschreibung psychologischer Phänomene [5]. Die Archetypen repräsentieren in diesem Bereich die erworbene genetische Grundlage der Persönlichkeitsstruktur und stellen den Niederschlag der kumulierten Erfahrungen stammesgeschichtlich älterer menschlicher und tierischer Generationen dar. Sie sind universelle, vererbte Dispositionen der menschlichen Vorstellungsfähigkeit, die sich im kollektiven Unbewußten in einem Zustand potentieller Bereitschaft befinden und deren Aktualisierung oder Bewußtmachung in besonderen Situationen wie Traum, Phantasie, Vision und eben auch in Märchen und Mythen in Form von Symbolen erfolgt.

Da in den Mythen wesentliche menschliche archetypische Züge einverwoben sind, können viele Menschen sich – zumindest zeit- oder teilweise – mit den Figuren, die die Mythen beleben, identifizieren. In diesem Moment werden in ihnen diese archetypischen Energien wach und manifestieren sich in ihrem Vorstellungsvermögen. Die Figuren des Mythos beginnen, in den Menschen lebendig zu

werden. Wird nun eine mythologische Figur zur gleichen Zeit von vielen Menschen verkörpert, spricht man von der Aktivierung eines „morphogenetischen Bildes" oder „morphogenetischen Feldes".
Morphogenese ist das Entstehen und Werden von „Etwas", die Bildung und Entwicklung von Gestalten.

Morphogenetische Felder

Der Begriff des „morphogenetischen Feldes" ist von dem englischen Biologen *Rupert Sheldrake* eingeführt worden. [6] Er führte diesen Begriff in Anlehnung an die in der Biologie vorkommenden *Morphose* ein. Unter Morphose versteht man die nicht-erblichen Gestaltsvariationen (Modifikationen) der Organismen, beziehungsweise einzelner Organe, die durch Umwelteinflüsse (morphogenetische Reize) verursacht werden.

Unter morphogenetischen Bildern versteht man die Energie, die durch die gleichzeitige bildhafte Vorstellungskraft vieler Individuen gebildet wird. Je mehr Menschen eine gemeinsame Vorstellung von „Etwas" entfalten, desto größer ist das Energiefeld, das dieses „Etwas" umgibt.

Ein typisches Beispiel eines morphogenetischen Feldes ist die heilige Madonna von Lourdes. Sie wird von vielen Gläubigen verehrt. Tausende von Gläubigen beziehen sie in ihre Gebete ein und vergrößern dadurch ihr morphogenetisches Feld. Pilgern nun kranke Menschen nach Lourdes, dann spüren sie die Kraft, die an diesem Platz akkumuliert ist, und diese Kraft stärkt ihren Glauben, der ihnen zur Heilung von ihren Gebrechen verhilft.

Das Wechselspiel der Kräfte zwischen den archetypischen Eigenheiten einerseits und den morphogenetischen Feldern anderseits war den Menschen seit altersher – wenn auch zum Teil unbewußt – bekannt. So brachten rund um den Globus die verschiedensten Kulturen sehr ähnliche Bildersagen hervor. Bei tiefer Betrachtung läßt sich – unabhängig vom Kulturraum, in dem der Mythos beheimatet ist – feststellen, daß in Mythen die gleichen menschlichen Archetypen, Entwicklungsmodelle und morphogenetischen Bilder dargestellt werden.

Die Sintflut, ein weltumspannender Mythos

Im alten Testament, im ersten Buch Moses (Genesis), Kapitel 1, Vers 6 bis 8, wird beschrieben, wie Gott Noah befahl, eine Arche zu bauen, denn er wolle die Erde überfluten, um alle sündigen Menschen zu vernichten. Noah baute die Arche und beherbergte darin seine Frau und allerlei Tiere, damit die verschiedensten Lebensformen die Sintflut überleben konnten. Gott ließ einen Dauerregen über die Erde niedergehen. Die Fluten bedeckten das ganze Land und die Arche schwamm auf den Wassern. Nach 40 Tagen war wieder Land in Sicht, und das Leben konnte von neuem beginnen.

Die Sintflut, wie sie in der Bibel beschrieben wird, ist ein alter Mythos, der unter Natur- und Kulturvölkern vom australischen Ozeanien bis an die Küsten Amerikas verbreitet ist. Die griechische Mythologie überliefert die Sintflut im „*Deukalion-Mythos*". Deukalion ist der Sohn des Prometheus, Stammvater der Hellenen. Deukalion und seine Frau Pyrrha retteten sich in einem hölzernen Kasten aus der Sintflut, als Zeus, aus Unmut über die Schlechtigkeit der Menschen, diese vernichten wollte. Auf Anweisung von Zeus mußte Deukalion nach der Flut Steine hinter sich werfen, damit daraus neue Menschen, Frauen und Männer, entstehen.

Auch aus dem sumerisch-babylonischen Kulturkreis ist eine Sintflut überliefert. Der griechische Name des Epos ist *Xisuthros*, der sumerische Name ist *Zuisudra*. Hier ist der Held König von Schuruppak der Zehnte. Der Mythos ist einerseits im griechischen überliefert durch *Berosos*, anderseits – allerdings nur in Resten – in Keilschrift. In akkadischer Sprache ist er im Mythos von *Atrachasis* und auf der 11. Tafel des *Gilgamesch-Epos* überliefert. Nach dem „*Popol Vuh*" (Buch des Rates), dem heiligen Buch der Quiché-Indianer, einem Stamm der Maya in Guatemala in Mittelamerika, zerstörten die Götter ihre erste als „Experiment" bezeichnete Menschenschöpfung durch eine Sintflut, weil diese Menschen unfähig waren, die Götter zu verehren.

Mythos und Musik

In unserer modernen Zeit wird von der Wissenschaft die Information bis auf Punkt und Komma festgelegt und in Form von vielen Büchern publiziert. Große Mengen davon werden bereits im Kindesalter zur Schule mitgeschleppt, wo wiederum Lehrer Mühe haben, die riesige Menge anonymen Lernstoffes halbwegs lebendig darzustellen und zu vermitteln.

Es war einmal ... eine Zeit, eben vor der Erfindung der Schrift, da ging es darum, das Wesentliche, Eigentliche, sozusagen das Leitmotiv zu vermitteln. Die Ausschmückungen des Erzählers ließen den Kern der Story unangetastet, machten die ganze Geschichte aber erst zum Erlebnis, denn die Fabulierungen entsprangen der eigenen Phantasie und waren somit authentisch und glaubwürdig.

Gleiches galt auch für die Musik. Kompositionen wurden in der Antike nicht, wie das jahrhundertelang im Abendland üblich war und zum Teil immer noch der Fall ist, schriftlich festgehalten, sondern die gehörte Musik wurde einfach wiedergespielt. Es gab zwar sehr genaue Anweisungen, wie die Instrumente zu stimmen seien, und auch die Grundstruktur der einzelnen Stücke war vorgegeben, doch der Musiker hatte einen erheblichen Freiraum zum Gestalten der Stücke.

In der indischen Musik ist das auch heute noch absolut üblich. Zu verschiedenen Tageszeiten werden dort genau vorgegebene „*Ragas*" gespielt. Raga heißt „hegender Kreis" und auch „Farbe" [7]. Eine Raga wird zumeist auf Saiteninstrumenten wie der Sitar und der Tambura gespielt, oft vokal begleitet. In einer Raga gibt es eine bestimmte Auswahl genau definierter Töne und einen vorgegebenen Rhythmus. Im Rahmen dieser Vorschriften können die Musiker dann völlig frei improvisieren.

Das Wesentliche an diesen Ragas ist, daß für besondere Zeiten immer auch spezielle Tonleitern ausgewählt werden, die den kosmischen Zustand der Erde am Ort der Spieler widerspiegeln sollen. Auch ein Mythos reflektiert eine besondere Beziehung zwischen den Menschen und ihrer Situation, das Wechselspiel zwischen ihrer irdischen (subjektiven) und kosmischen Position.

Die Verwandtschaft von Mythos und Musik ist einerseits begründet durch beider Wesen als nichtbegriffliche Aussage. Andererseits verbindet sie ihre psychologische Wirkung, die in ein Jenseits von der Profanität der Alltäglichkeiten entrückt. Diese Affinität offenbart sich in zahlreichen Mythen, die unter anderem vom göttlichen Ursprung der Musik und ihrer bezwingenden und heiligenden Kraft berichten, und wird in der Einbeziehung von Musik in den Kult sinnfällig.

Seit der Antike wird die Idee überliefert, daß die Harmonie der Musik die zahlhafte Ordnung des Kosmos spiegelt, die seelische Befindlichkeit des Menschen bestimmt und das Absolute erahnen läßt.
Ludwig van Beethoven hat diese Erkenntnis in wenigen Worten auf einen klaren Nenner gebracht: „*Musik ist höhere Offenbarung als alle Philosophie*". Dieses gilt auch für den Mythos: Er vermittelt Einsicht in den Grund aller Erscheinungen des Daseins.

KAPITEL II

ORPHEUS, EINE STETS LEBENDIGE MYTHISCHE GESTALT

Orpheus, der thrakische Sänger

Orpheus war im sonnigen und landschaftlich schönen Thrakien zu Hause. Seine Heimat war das Nordufer der Ägäis und des Marmarameeres am süd-östlichen Ende des Balkan. Ein Großteil Thrakiens lag auf dem Gebiet der heutigen europäischen Türkei.

Nach der bekanntesten Überlieferung ist Orpheus der Sohn des thrakischen Königs Oiagros und der Muse Kalliope, Tochter des Zeus. Später jedoch wurde die Vaterschaft auch dem Gott der Jugend, der Musik und der Weissagung, Apollon, dem Sohn des Zeus und der Titanin Leto, zugeschrieben. Bereits die beiden berühmten Dichter der Antike, Homer und Hesiod, setzten sich mit der Frage auseinander, wer der Vater des Orpheus nun wirklich sei und entwickelten darüber verschiedene Theorien. Für den Mythos spielt dies jedoch kaum eine wesentliche Rolle, denn der Großvater des Orpheus ist nach beiden Überlieferungen derselbe: Zeus, der Herrscher über die olympischen Götter. [1], [2], [3], [4].

Apollon hat dem jungen Orpheus beigebracht, auf der Leier zu spielen, und er wurde darin so geschickt, daß er „...*mit solcherlei Liedern die wilden Tiere bezaubert (hat), die Wälder und Felsen, so daß sie ihm folgten...*"

Ovid, XI, 1-2, [5]

Orpheus schloß sich den Argonauten an, den griechischen Helden, die mit dem Schiff Argo unter Iasons Führung nach Kolchis am Schwarzen Meer segelten, um das goldene Vlies zu holen, das dort im

Kapitel II — Orpheus, eine stets lebendige mythische Gestalt

Abb. II/1

Orpheus (mit phrygischer Mütze) unter den Tieren.
Mosaik aus dem Museum Palermo

Hain des Ares von einem Drachen bewacht wurde. Er stiftete mit seinem Spiel oft Frieden unter der unruhigen Mannschaft. Auf der Hinfahrt führte er sie in die Mysterien ein, und auf der Rückfahrt rettete er sie vor den Sirenen, indem er ihren verführerischen Gesang mit seiner Leier übertönte.

Orpheus und Eurydike

Mythische Gestalten sind nicht rein menschlicher Natur, sondern vereinigen in sich dem Menschen innewohnende mit übernatürlichen, zuweilen göttlichen, Eigenschaften. Die letzteren entspringen der menschlichen Phantasie und repräsentieren idealisierte Formen, vom Wunschdenken geprägte Ideal- und Traumtypen.

Auf die männlichen erotischen Phantasien anregend wirken zum Beispiel die Nymphen. Diese waren bei den alten Griechen die Schutzgeister der Vegetation, der Bäume und anderer Pflanzen, aber auch Quellen, Flüsse, Seen, ja sogar Steine, Berge und Höhlen hatten ihre persönliche Nymphe. Nymphen sind auch als Geburtsgöttinnen und Spenderinnen der Fruchtbarkeit bekannt gewesen.

Orpheus verspürte in sich nicht nur die Lust, eine Musik zu spielen, die Himmel und Erde in sich vereinigt, sondern spürte auch die Lust der menschlichen Vereinigung. Darum heiratete er eine Nymphe, die erotische Eurydike. Kurz nach ihrer Hochzeit wurde sie von dem veliebten Aristaios verfolgt und versuchte zu flüchten.

In ihrem Eifer, ihm zu entkommen, trat sie auf eine Schlange und wurde von derselben gebissen – man darf vermuten, daß sie schwach wurde. Die Schlange gilt als klassisches Phallussymbol, der „Fehltritt" war der Akt durch den sie Orpheus „betrog". Eurydike starb am Biß dieser Schlange – für Orpheus war sie damit gestorben – aber er konnte sie nicht vergessen. Er entschloß sich, sie aus dem Hades, der Unterwelt der Toten, zurückzuholen. Der Hades steht als Geister-

Abb. II/2

Orpheus in der Unterwelt
Vase im antiken Museum Basel

oder Schattenwelt für das menschliche Unterbewußte, wohin er sie verdrängt hatte.

Orpheus pilgerte nach Tainaron, dem westlicheren von zwei zerklüfteten Landzipfeln am südlichen Ende der Peloponnes. Tainaron galt als einer der bekanntesten Eingänge zum Hades. Dort stieg Orpheus in die Unterwelt hinab und sang und spielte so bewegend, daß die Geister in Scharen kamen, um seiner Musik zu lauschen. Die in den Hades Verdammten vergaßen ihre Arbeit für einen Augenblick, und selbst die kalten Herzen des Gottes der Unterwelt, Hades, und seiner Frau Persephone, schmolzen dahin.

Unsere moderne Analyse stellt fest, daß sich Orpheus seinen inneren Prozessen nicht verschloß, sondern ganz im Gegenteil durch seine Öffnung Zugang erhielt zu dem, was C. G. Jung als „*kollektive menschliche Archetypen*" bezeichnete. Einfacher gesprochen sind das jene Bilder, wie schon erwähnt, die uns in unserer Phantasie oder im Traum erscheinen.

Die Hüter der Unterwelt gewährten Orpheus die Erlaubnis, Eurydike nach oben mit zurückzunehmen, jedoch unter der Bedingung, daß er verspreche, nicht zu ihr zurückzublicken, bis beide die Oberfläche erreicht hätten. Auf dem Wege hinauf zweifelte Eurydike an der Liebe und Zuneigung von Orpheus, da dieser sie nicht anschaute. Sie zögerte, ihm zu folgen, was Orpheus spürte, und da konnte er nicht widerstehen. Er drehte sich zu ihr um und verlor sie für immer. Eurydike verschwand sofort und wurde wieder ein Schatten. Als Orpheus erneut versuchte, den Hades zu betreten, wurde ihm der Zugang verwehrt.

Die Moral von dieser Geschichte ist: Ohne Ur-Vertrauen gibt es keine Liebe. Wer zögert und zweifelt, wer sich nicht vollends hingibt und sich absolut fallen lassen kann, dem bleibt das Tor zum Mysterium der Liebe verschlossen.

Orpheus und die Knabenliebe

Orpheus kehrte nach Thrakien zurück, spielte auf der Lyra, der altgriechischen Leier, und sang bezaubernde Lieder. Die schönsten Frauen des Landes begehrten ihn, doch er hatte von der launenhaftigen Weiblichkeit genug. Lieber hing er der Erinnerung an Eurydike nach, die ihn ja nicht mehr enttäuschen konnte. Diejenigen, welche sein schwärmerisches Liebesideal verstanden, waren Jünglinge. [6]

Der römische Dichter Ovid schrieb in seinem zehnten Buch der Metamorphosen [7]:

> *„Orpheus verschmähte jegliche Liebe der Frauen:*
> *Sei's weil es ihm übel ergangen, oder weil er's gelobt,*
> *doch glühten gar viele in Liebe, sich mit dem Sänger zu einen;*
> *sie trauerten, weil er sie abwies.*
>
> *Er auch lehrte die Völker der Thrakier,*
> *die Liebe den zarten Knaben zu schenken,*
> *in frühester Jugend die Wonne des kurzen Frühlings zu kosten*
> *und so sich die Blüten, die ersten, zu pflücken."*

Die Frauen haben Orpheus nie verziehen, daß er ihr Monopol darauf, alleiniger Gegenstand der erotischen Begierde zu sein, beendete. So starb er schließlich eines gewaltsamen Todes, denn er wurde von einem fanatischen weiblichen Mob in Stücke gerissen.

> *"Schließlich zerschlugen sie dich, von der Rache gehetzt,*
> *während dein Klang noch in Löwen und Felsen verweilte*
> *und in den Bäumen und Vögeln. Dort singst du noch jetzt.*
>
> *O du verlorener Gott! Du unendliche Spur!*
> *Nur weil dich reißend zuletzt die Feindschaft verteilte,*
> *sind wir die Hörenden jetzt und ein Mund der Natur."*
>   Rainer Maria Rilke aus Sonette 26 [8]

Die umhergestreuten Glieder des Orpheus wurden von den Musen gesammelt und in seiner Heimat Pierien bestattet, das Haupt und seine Leier trieben den Fluß Hebros herab und über das Meer zur Insel Lesbos, wo sie die Bevölkerung freundlich und huldvoll beisetzte. Zur Belohnung verlieh Orpheus den edlen Frauen von Lesbos, den Lesbierinnen, Geschick in der Musik.

Den Musen ist Orpheus bis in die heutige Zeit unsterblich geblieben, und viele sagen, diese hätten ihn und seine Leier am Himmel verewigt, indem sie sie als Sternbild Lyra an den Himmel versetzten.

Orpheus, der Musenführer

Die Musen waren im antiken Griechenland die Schutzgöttinnen der schönen Künste, später auch der klassischen Wissenschaften. Der Name *„Muse"*, griechisch *„Musai"*, ist jedoch vom Namen eines anmutigen Jünglings und Lieblingsschülers von Orpheus abgeleitet. Musaios war ein begnadeter Liedersänger aus der mythologischen Vorzeit, also vor den Lebzeiten Homers, und galt als Dichterheros der Athener. Musaios ist der Ahnvater der Musen, Orpheus sein Lehrmeister. [9], [10]

Die Musen, anfänglich drei an der Zahl, später wurden es deren neun, wurden zwar wenig verehrt, jedoch oft angerufen. Sie verdanken ihre Bedeutung vor allem den Dichtern, die sie als Quelle ihrer Inspiration ansahen.

In jener Zeit vor der Erfindung der Schrift hing alle Kenntnis vom Gedächtnis ab, wenn sie bewahrt bleiben sollte, wie Musik noch heute für diejenigen, die keine Noten lesen können. Die Musen waren damals Schutzgöttinnen des Gedächtnisses, und vor allem Sänger hatten allen Grund, sie anzurufen.

Die ersten drei Musen waren:

Melete	(Aufmerksamkeit oder Übung)
Mneme	(Erinnerung)
Aoide	(Gesang)

Die erste Musengeneration wurde dann von einer zweiten, neunköpfigen abgelöst. Die neun Musen hatten nicht nur im antiken Griechenland, sondern auch im römischen Reich große Bedeutung. *Hesiod*, um 700 vor unserer Zeitrechnung, gilt als der erste faßbare griechische, beziehungsweise europäische Dichter. Er maß Urania, der Sternenkundigen, die größte Bedeutung zu.

Die Zuordnung der Musen zu bestimmten Künsten ist zum Teil widersprüchlich überliefert. Erst in der spätrömischen Zeit wird den neun Musen eine einheitliche Zugehörigkeit zu einer bestimmten Kunstrichtung verliehen. Die Namen der neun Musen und ihrer Künste werden dort wie folgt überliefert [11]:

Erato	(Lyrik, erotische Poesie)
Euterpe	(Flötenspiel)
Kalliope	(epische Dichtung)
Kleio	(Geschichtsschreibung)
Melpomene	(Tragödie)
Polyhymnia	(Tanz,Musik)
Terpsichore	(Lyra, Tanz)
Thaleia	(Lustspiel)
Urania	(Sternenkunde)

Die Musen werden als Gruppe verschiedentlich zusammen mit Orpheus dargestellt und gemeinsam lehrten sie die Sphinx das Rätsel. Bei besonderen Gelegenheiten, wie der Hochzeit des Kadmos und der Harmonia, sollen sie als himmlische Musiker für die Götter gespielt und gesungen haben.

KAPITEL III

ORPHEUS IM SPIEGEL DER KULTURGESCHICHTE

Orpheus als „Modell" der schönen Künste

Über Jahrtausende inspirierte der Mythos von „*Orpheus und Eurydike*" immer wieder Künstler wie Maler, Bildhauer, Schriftsteller, Komponisten und Dramaturgen, die versuchten, die in diesem antiken griechischen Mythos innewohnenden menschlichen Geheimnisse für ihre gegenwärtige Zeit zu entschlüsseln und zu offenbaren.

Der Sagenstoff um Orpheus war seit der Antike sehr beliebt. So gestalteten hellenische Künstler viele Reliefs und Plastiken mit Orpheus und Eurydike, Orpheus mit der Lyra oder manchmal auch Orpheus mit den neun Musen.

Seit der Zeit der Renaissance griffen viele Maler wieder die Motive der Orpheussage auf. Besonders bekannt sind Gemälde von Tintoretto, P. Brueghel dem Älteren und dem Jüngeren, Rubens, Tiepolo, Feuerbach und L. Corinth.

Ein Universalgelehrter der Barockzeit, der Jesuitenpater *Athanasius Kircher* (1601-1680), schildert Orpheus als Mittler zwischen der Sphärenharmonie und der übrigen Natur und den schönen Künsten. Er schreibt in seinem Hauptwerk *Musurgia Universalis* (musurgia, griechisch = singen, spielen, dichten) [1]:
„*Andere sagen, Orpheus sei ein vortrefflicher Astrologe und Mediziner gewesen, habe beide Künste vollkommen verstanden, die Töne also ohne Schwierigkeit temperieren und vermischen können nach der Harmonie der himmlischen Gestirne, welche er imitiert, so daß er ihren Einfluß auf sich gezogen und sich zu eigen gemacht, kraft dessen er alles, was er gewollt, mit seiner Leier habe zu sich ziehen und ihm holdselig machen können*".

Orpheus als Inspiration berühmter Komponisten

Orpheus, die verkörperte Macht des Gesanges und des musikalischen Spiels, verbunden mit der den Tod überwindenden Liebe, wurde der Held zahlreicher Opern. So schrieb *Claudio Monteverdi* die Oper „*Orfeo*" nach der Dichtung von Alessandro Striggio, die 1607 in Mantua uraufgeführt wurde. Im Jahre 1638 schrieb *Heinrich Schütz* die Oper „*Orpheus*" nach dem Text von A. Buchner. *Christoph Willibald Gluck* komponierte eine Oper in drei Akten namens"*Orpheus und Eurydike*" nach dem Libretto von Raniero di Calzabigi. Diese wurde am 5. Oktober 1762 im Hofburgtheater in Wien uraufgeführt. *Joseph Haydn* schrieb die Oper "*Anima del Filosofo, L'Orfeo ed Euridice*" in vier Akten nach dem Libretto von Carlo Badini.

Der Operettenkomponist *Jaques Offenbach* widmete sich ebenfalls dem Thema Orpheus. In der berühmten Operette „*Orphée aux enfers*" (*Orpheus in der Unterwelt*) nach einem Text von Hector Crémieux und Ludovic Halévy münzte er den antiken Stoff um auf die französische Gesellschaft seiner Zeit. Die Weltpremiere dieser berühmten Operette wurde am 21. Oktober 1858 in Paris im Theater Bouffes-Parisiens gegeben. *Igor Strawinski* komponierte 1948 das Ballett „*Orpheus*" als düsteres Gegenstück zum „*Apollon*". Das Ballett in drei Bildern wurde mit einer Choreographie von George Balanchine 1948 in New York in der Ballett Society uraufgeführt. Auch der Komponist *Werner Henze* widmete sich dem Thema Orpheus. Er schrieb ein Ballett „*Orpheus*" in sechs Szenen. Libretto und Text sind von Edward Boud, die Choreographie stammt von William Forsythe. Die Uraufführung fand am 17. März 1973 im Württembergischen Theater in Stuttgart statt.

Auch der französische Komponist *Darius Milhaud* fühlte sich Orpheus verbunden, ja er erkannte auch die heilsame Wirkung orphischer Klänge. In seinem 1924 veröffentlichten Werk ist Orpheus ein Heilpraktiker, Eurydike ist als eine Zigeunerin dargestellt.

Orpheus in Literatur und Theater

Homer war wohl der erste heute noch bekannte Dichter, der Orpheus in seinen Epen erwähnt hat. Der große römische Dichter *Ovid* besingt ihn in seinen Metamorphosen. Doch auch in neuerer Zeit widmeten sich zahlreiche Dichter und Schriftsteller dem Thema Orpheus. Zu ihnen zählen unter anderem Persönlichkeiten wie *Franz Werfel, Gottfried Benn, Carl Spitteler*, sowie *Rainer Maria Rilke*.

Rilkes Orpheus wandert hinab zu den Toten und kehrt singend über die Schwelle des Totenreiches zurück in die Welt der Lebendigen. Er liebt und bejaht beide Sphären, die ihm als Quelle der Inspiration dienen. Orpheus wird durch die Worte Rilkes zum Botschafter der Lebendigen für die Toten wie auch umgekehrt der Verstorbenen für die noch auf dieser Welt Weilenden.

„Nur wer die Leier schon hob
auch unter Schatten
darf das unendliche Lob
ahnend erstatten.

Nur wer mit Toten vom Mohn
aß, von dem ihren,
wird nicht den leisesten Ton
wieder verlieren.

Mag auch die Spiegelung im Teich
oft uns verschwimmen:
Wisse das Bild.

Erst in dem Doppelreich
werden die Stimmen
ewig und mild."

Rainer Maria Rilke, Sonette an Orpheus Nr. 9 [2]

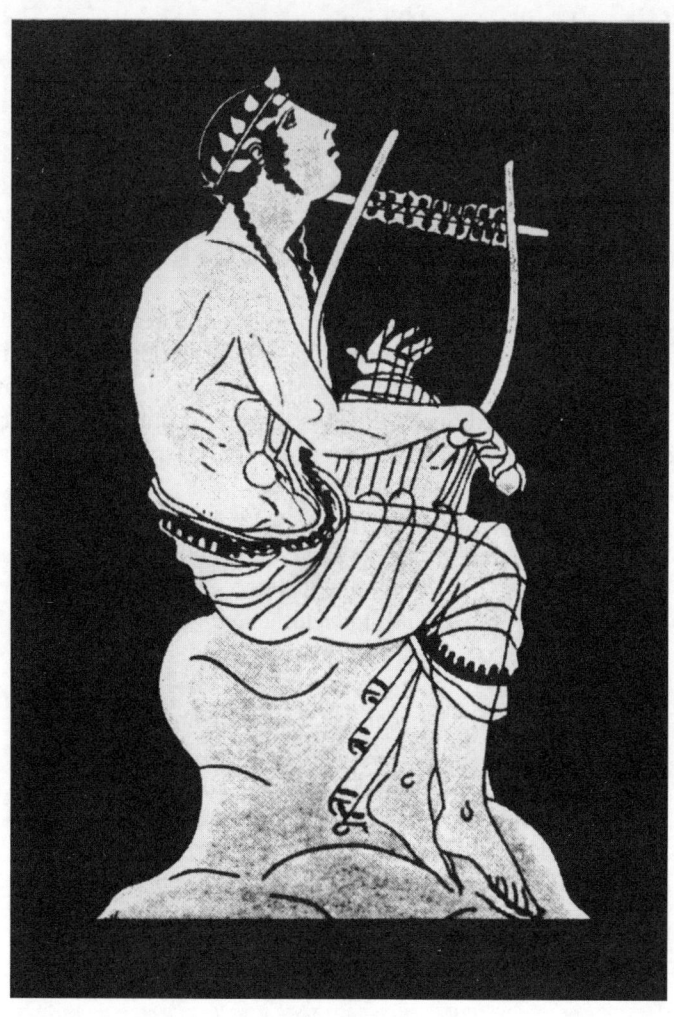

Abb. III/1

Orpheus mit der Leier

Wie ein Baum sich majestätisch aus der dunklen Erde erhebt, so steigt das Wunder der Wandlungskraft des Gesanges aus der Stille der „Verschweigungskraft" auf.

„Da stieg ein Baum. O reine Übersteigerung!
O Orpheus singt! O hoher Baum im Ohr!
Und alles schwieg. Doch selbst in der Verschweigung
ging neuer Anfang, Wink und Wandlung vor.

Tiere aus Stille drangen aus dem klaren
gelösten Wald von Lager und Genist;
und da ergab sich, daß sie nicht aus List
und nicht aus Angst in sich so leise waren,

sondern aus Hören, Brüllen, Schrei, Gehör
schien klein in ihren Herzen, und wo eben
kaum eine Hütte war, dies zu empfangen,

ein Unterschlupf aus dunkelstem Verlangen
mit einem Zugang, dessen Pfosten beben –
da schufst du ihnen Tempel und Gehör."

Rainer Maria Rilke,
Sonette I [3]

In neuerer Zeit sind vor allem die Theaterstücke von *Jean Cocteau* und *Tennessee Williams* zum Thema Orpheus bekannt geworden. *Jean Cocteau* schrieb 1927 eine Tragödie namens *„Orphée"* in 13 Szenen, die in Thrakien spielt. Die Tragödie wurde 1950/51 verfilmt und mit einer Musik von G. Aurich ergänzt. *Tennessee Williams* wandte sich in seiner *„Schlacht der Engel"* einem antiken Stoff in modernem Gewand zu, den er 1958 in *„Orpheus steigt herab"* veröffentlichte. Der Gitarrenspieler Orpheus wird von der Frau eines krebskranken Mannes geliebt. Als dieser von der Treulosigkeit seiner Frau erfährt, schießt er sie nieder. Orpheus flieht – und von den Hunden des Sheriffs gehetzt, wird er schließlich zerrissen.

Orpheus in der Gegenwart

Orpheus steht für das Bild vom Menschen vereinigt mit der (seiner) Natur. Dieses Gedankenmuster oder morphogenetische Feld beflügelt seit eh und je die menschlichen Seelen, daher ist Orpheus unsterblich und für die alten Griechen ein Heros. Er verkörpert innigste Liebe, die Überwindung des Todes und die hohe Kunst göttlicher Musik. Orpheus' Schwingungen, die er in Gesang und Leierspiel vermittelte, waren so naturnah, daß er damit alle Sphären der Natur, z.B. nicht nur Tiere, sondern auch Pflanzen und Steine beeinflussen konnte.

So steht diese Figur beispielhaft für den erleuchteten Menschen, der die harmonikalen Gesetzmäßigkeiten der Natur durchdrungen hat und mit ihr übereinstimmt.

Das Wort „*Harmonie*" kommt auch aus dem Griechischen und bedeutet den vollkommenen Ein- oder Zusammenklang. Alle Teile eines gegliederten Ganzen sollen in Übereinstimmung zueinander stehen. Diese Teile nannte man „*Organe*" (griech.: Werkzeug), die harmonikale Gesamtverbindung „*Organismus*".

In der Antike wurde auch die Welt selbst als ein Organismus angesehen. Wegen der in ihr herrschenden Ordnung und Harmonie wurde sie „*Kosmos*" genannt.

Folgerichtig lagen – nach Anschauung der alten Griechen – allen Erscheinungsformen im Kosmos dieselben logischen Prinzipien zugrunde. Daher ließen sie sich auch in ein Verhältnis zueinander stellen. Diese Proportionen (entsprechende Verhältnisse) drückten sie mathematisch und musikalisch aus.

Der bedeutendste Überlieferer antiken Denkens, *Platon* (427 - 347 v. Chr.), in dessen Philosophie noch rationale und mythische Elemente miteinander verwoben sind, hat pythagoreisches Wissen aus erster

Hand weitervermittelt. Auf seinen Reisen nach Unteritalien und Sizilien studierte *Platon* nachweislich die Lehren der Pythagoreer *Timaios*, *Philolaos* und *Archytas von Tarent*, mit dem er zudem befreundet war. Seine Ausführungen zum Wesen der Klänge in seinem vom Staatswesen handelnden Grundlagenwerk *Politeia* (Der Staat [4]) haben noch heute ihre volle Gültigkeit:

„Wie die Augen für die Astronomie geschaffen sind, so sind die Ohren für die Bewegung der Harmonie geschaffen. Diese Wissenschaften sind einander wie Schwestern verwandt."

Und weiter schreibt *Platon* über den ursächlichen Zusammenhang kosmischer und musikalischer Harmonien:

„Jede Figur, jede Zahlenverbindung, das ganze System der Harmonie und des Umlaufs der Gestirne muß demjenigen, der auf die rechte Weise belehrt wird (der in rechter Weise forscht), als einziges und gemeinsames großes Ganzes erscheinen... Denn jedem aufmerksamen Beobachter wird es einleuchten, daß ein natürliches, verbindendes Band alle diese Gegenstände umschlingt."

Der Grundgedanke, den die Griechen der Antike, und ganz besonders Orpheus, uns in die heutige Zeit überliefert haben, ist das Wesen einer Musik oder einer Schwingung, die der Urschwingung der Schöpfung sehr nahe oder gar gleich kommt. Orphische Musik ist Musik im Einklang mit der Natur, im Einklang mit dem Lauf der Dinge, oder – wie die Chinesen sagen würden – eine Musik im Einklang mit dem Tao.

Orpheus spielte wahrlich die Musik des Kosmos! Die Orphischen Klänge wurzeln in den alten Mythen, dennoch sind deren oft zitierte und viel beschriebene Phänomene der klar schauenden Ratio nicht verschlossen. Was man sich heutzutage, unter Einbeziehung wissenschaftlicher Erkenntnisse, darunter vorstellen kann, soll in den nächsten Kapiteln genauer erörtert werden.

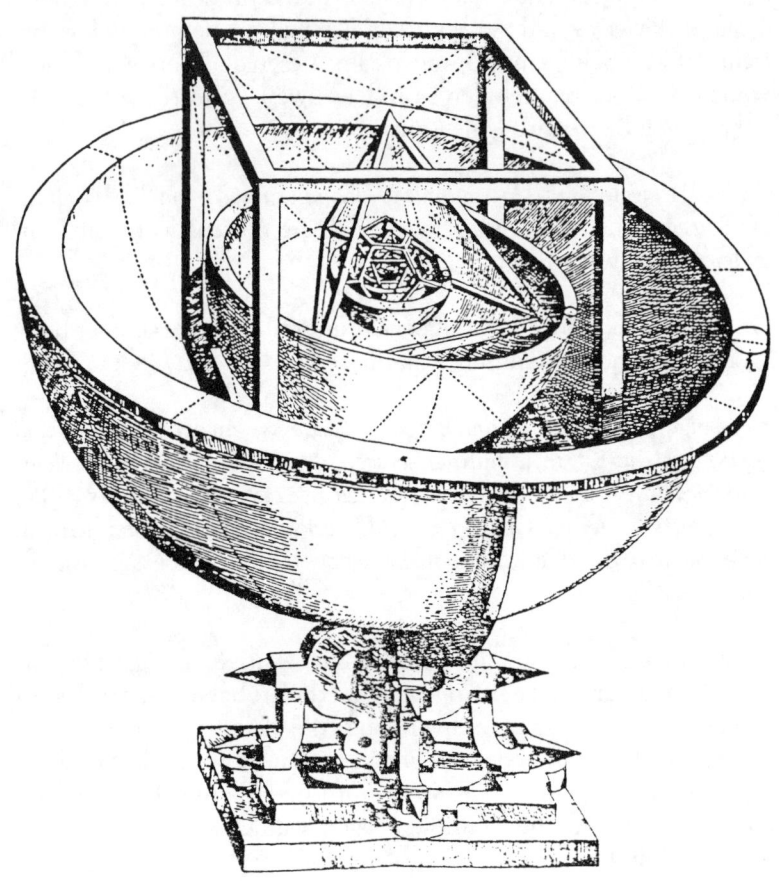

Abb. III/2

Keplers Modell des Weltgebäudes mit den ineinandergeschachtelten platonischen Körpern

KAPITEL IV

MUSIK DES KOSMOS

Sphärenharmonie

„Wer das Geheimnis der Töne kennt, kennt das Mysterium des ganzen Weltalls."

Hazrat Inayat Khan

Es gibt kaum eine Kultur, in der nicht vom Weltenklang oder von den Sphärenharmonien berichtet wird. Trotzdem bringen große Nachschlagewerke, wie zum Beispiel die letzte Ausgabe der großen Brockhaus Enzyklopädie, unter dem Stichwort *„Sphärenharmonie"* oder *„Sphärenmusik"* meistens nur wenige Zeilen. In vielen Musikfachbüchern wird die Idee einer Sternenmusik, eines wohltönenden Universums, nur als Kuriosum am Rande erwähnt. Dennoch gehört diese Idee zu den Urgedanken abend- und morgenländischer wie auch asiatischer Überlieferungen. In allen großen Disziplinen des menschlichen Geistes war die Idee des kosmischen Einklanges ein immer wiederkehrendes Leitmotiv: Auf religiös-theologischen, mythischen, astronomischen, mathematischen und künstlerischen Wegen versuchte man, sich diesem Ideal zu nähern.

In diesem Zusammenhang sei hier auf drei Bücher hingewiesen, die in vortrefflicher Weise die Tradition der Sphärenharmonie in Kunst, Kultur und Wissenschaft durch die letzten Jahrtausende dokumentieren. [1] *Fritz Stege: Musik, Magie und Mystik*, Remagen 1961. Dieses Buch ist eine reichhaltige, gut erläuterte Zitatensammlung zu diesem Thema. [2] *Hans Schavernoch: Die Harmonie der Sphären. Die Geschichte der Idee des Welteneinklangs und der Seeleneinstimmung*, Freiburg 1981. In dieser ausführlichen und sorgfältigen Untersuchung werden wissenschaftlich-philologische Details erläutert und man kann näheres

erfahren über „Planetentonleitern" von der Antike bis in die Neuzeit.
[3] *Friedrich Zipp: Vom Urklang zur Weltharmonie – Werden und Wirken der Idee der Sphärenmusik*, Kassel 1985. Dieses Buch begleitet den Leser vom Urvölkermythos zur griechischen Mythologie, durch das Mittelalter, die Renaissance- und Barockzeit, dann vom Zeitalter der Klassik und Romantik bis in das zwanzigste Jahrhundert.

„OCTAVUS SANCTOS OMNES DOCET ESSE BEATOS" – *„Die Oktave lehrt alle Heiligen, glückselig zu sein"* lautet eine der geheimnisvollen Inschriften an den Kapitellen der Abteikirche zu Cluny in Frankreich. [4]

„Oktave (lat.: die achte, die achte Stufe der Tonleiter): Das Intervall mit dem (nächst der Prime) einfachsten Frequenzverhältnis 1:2. (Frequenz = Häufigkeit einer Schwingung pro Zeiteinheit). In der griechischen Musiktheorie wurde die Oktave als Symphonia (Zusammenklingendes) bezeichnet und galt als das Intervall mit dem größten Verschmelzungsgrad". In dieser Definition aus Honeggers Musiklexikon finden wir eine Verbindung zwischen Musik und Mathematik, zwischen Tönen und Zahlen.

Wenn Töne „schön", das heißt ästhetisch, zusammenklingen, haben sie ein spezifisches musikalisches Intervall, dem eine analoge mathematische Proportion entspricht. Die größte Verschmelzung, also Harmonie, erhält man bei dem einfachsten Zahlenverhältnis von 1:2, also der Halbierung oder Verdoppelung. Dieser Sachverhalt der Konsonanz von Frequenzen läßt sich leicht am Klavier überprüfen: Wird bei aufgehobener Dämpfung aller Saiten eine Taste kurz und kräftig angeschlagen, so ergibt sich über den Resonanzboden ein Kopplungseffekt, einige Saiten beginnen mitzutönen – besonders laut und lange jedoch die Oktavsaiten!

Der Schweizer Arzt, Musiker und Instrumentenbauer *A. Pontvik* – ein Schüler von *Hans Kayser* und Freund von *C. G. Jung* – entwickelte ein neuartiges Saiteninstrument, das sogenannte *Psychochord*. Dies ist eine Weiterentwicklung des klassischen Monochords und wird vorwiegend im Rahmen von Therapien eingesetzt. Die Patienten lernen, auf diesem Instrument die verschiedenen Intervalle zu intonieren und zu hören. Pontvik nennt die Oktave „*ein göttliches Grundmaß, welches sich in ständiger Wiederholung in höherer Potenz aufs neue widerspiegelt*". In seinem Buch „*Der tönende Mensch. Psychorhythmie als gehörseelische Erziehung*" [5] schreibt er weiter:

„*Die Oktave ist das Sinnbild der Schöpfungsgeschichte, und sehr wahrscheinlich haben beide denselben Ursprung. Eine Musik ohne Berücksichtigung der Oktave als einer naturgegebenen Formel kann keine Ordnungswerte vermitteln. Die Oktave ist sehr wahrscheinlich das Prinzip, nach dem sich die Entwicklungsgesetze der Natur und des Geistes zwangsläufig vollziehen. Um dieses bestätigt zu wissen, genügt ein Rundgang durch die Wunder der Pflanzenwelt oder eine Betrachtung der Kristallbildungen in der Mineralwelt. Jedes Studium der Naturwissenschaften unter dem Gesichtspunkt einer 'universellen Harmonielehre' führt bedingungslos zur Erkenntnis dieser Wirklichkeit*".

Der am Klavier beobachtete Effekt zeigt eine empirische, jederzeit nachprüfbare Grundlage für das „*Oktavgesetz*". Natürlich kann dieser besondere Resonanzeffekt an jedem Saiteninstrument beobachtet werden, besonders gut am Monochord und dessen Weiterentwicklungen, wie dem Psychochord oder der Sandava. Wie in den weiteren Kapiteln noch viel deutlicher ausgeführt ist, zeigt die Oktave Eigentümlichkeiten, die der Behauptung: „*Die Oktave ist das Sinnbild der Schöpfungsgeschichte*" in jeder Beziehung gerecht werden. Um den theoretischen Ansatz hierzu besser zu verstehen, tun wir uns leichter, wenn wir die denkerischen Tugenden der antiken Griechen wieder aufleben lassen; also zusätzlich eine Weltsicht zulassen, die dem aktuellen Zeitgeist nicht unterworfen ist.

Dies tat auch der niederländische Humanist *Agrippa von Nettesheim* (1486 - 1535), der als Arzt, Astrologe und Historiker dem pythagoreischen Gedankengut sehr verbunden war. Die folgenden Zitate aus

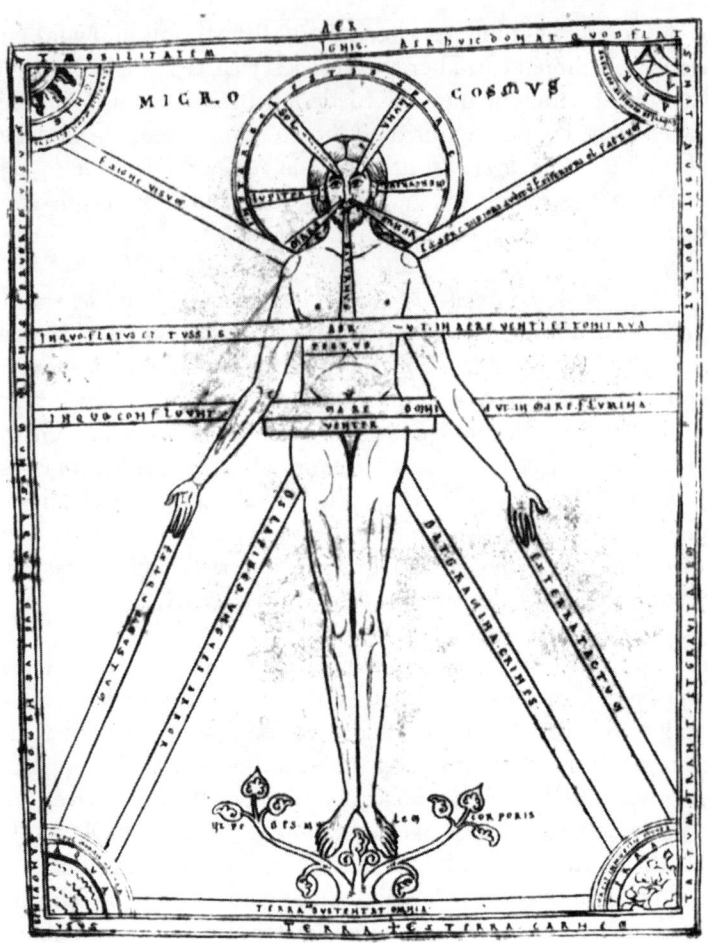

Abb. IV/1

Der Kosmosmensch nach Honorius von Autun (12. Jahrhundert)
In dieser Miniatur repräsentiert der menschliche Leib als Mikrokosmos den Makrokosmos. Die Spruchbänder führen zu den vier Elementen in den Ecken des Bildes und beschreiben die Art und Weise der Verbindung.

seiner bekanntesten Schrift *De okkultura philosophia* führen dies deutlich vor Augen [6]:

„Wenn man den Plan des Weltgebäudes kennen lernen will, muß man die Kräfte kennen, auf denen es aufgebaut ist. In den Zahlen verbergen sich die Kräfte, die in beiden Welten wunderbare Fähigkeiten entfalten... Die musikalische Harmonie, ihrerseits ein Spiegelbild der Harmonie des Alls, ist eine mächtige Schöpferin. Sie zieht die himmlischen Einflüsse an und ändert Gefühle, Entschlüsse, Gesten, Ideen, Handlungen und Veranlagungen."

Durch diese Betrachtungen angeregt, lenkte *Agrippa von Nettesheim* auch seine Aufmerksamkeit auf die therapeutischen Möglichkeiten der kosmischen Musik und Rhythmik (kosmische Klang-Tanz-Therapie im 16. Jahrhundert?):

„Wer krank ist, stimmt nicht mit dem Universum überein. Er kann aber die Harmonie wiederfinden und gesund werden, wenn er seine Bewegungen nach denen der Gestirne richtet."

Makrokosmos und Mikrokosmos

Im antiken Griechenland war eine Gesetzmäßigkeit nicht auf die Ebene des Phänomens beschränkt, sondern mußte universale Bedeutung haben. Wenn ein Sachverhalt also Gültigkeit haben sollte, dann nicht nur in dem Bereich, wo man ihn entdeckte, sondern übertragbar in alle anderen Sphären der Welt. *„Pars pro toto"* nannte man im alten Rom das Prinzip – von lat. *„der Teil (steht) für das Ganze"* – was soviel bedeutet wie: Wie im Großen so im Kleinen. Darum sprach man in den hermetischen Wissenschaften immer auch vom Wechselspiel des „Makrokosmos" und des „Mikrokosmos".

Erst in allerjüngster Zeit entwickeln sich in unseren modernen Wissenschaften ebensolche Ansichten, wie sie die griechischen

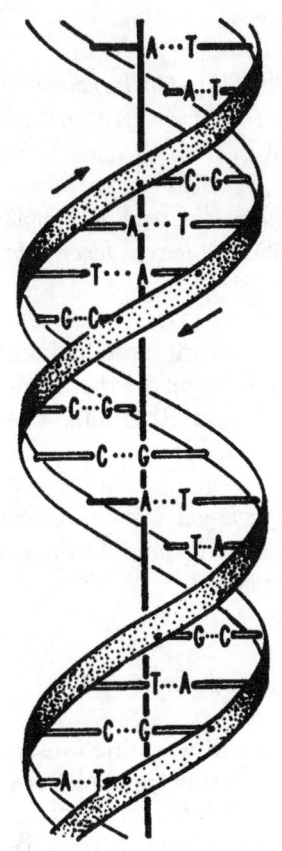

Abb. IV/2

Der Genetische Code
Die Doppelhelix (zwei ineinander verdrehte Spiralen) der DNS-Ketten weisen pro Drehung genau acht Sprossen auf. Jede Sprosse entspricht einer genetischen Information.

Philosophen vor bereits zweieinhalb Jahrtausenden lehrten. Von der Genetik bis zur Chaosforschung, überall redet man inzwischen von dynamischen Systemen, denen eine ordnende Struktur innewohnt. So schreibt der Physiker Werner Heisenberg über die Betrachtung der Welt [7]:

„Die Welt erscheint in dieser Weise als ein kompliziertes Gewebe von Vorgängen, in dem sehr verschiedenartige Verknüpfungen sich abwechseln, sich überschneiden und zusammenwirken und in dieser Weise schließlich die Struktur des ganzen Gewebes bestimmen."

In der Chemie lassen sich die Eigenschaften von Stoffen aus ihrer Strukturformel ableiten. Bezeichnenderweise kann man im Periodensystem der chemischen Elemente das Oktavgesetz erkennen. Die Chemiker sprechen dabei von der sogenannten *„Oktettregel"*. So zeigt uns ein Kristall im Großformat die Anordnung seiner Atome auf der submikroskopischen Ebene. Bemerkenswert in diesem Zusammenhang ist auch, daß innerhalb des Aufbaus der Atomkerne, die in der Physik der Elementarteilchen (Quantenphysik) beschrieben wird, wiederum Achterstrukturen auftauchen. Von besonderer Bedeutung sind hier das *Mesonen-Oktett* und das *Baryonen-Oktett*.

Ebenso können die Genetiker aus Formen und Strukturen, die in der genetischen Kodierung vorliegen, auf die Erscheinungs- und Verhaltensweisen ausgewachsener Lebewesen schließen. Man nennt ersteres den *„Genotypus"*, quasi die „unentfaltete Ordnung". Wenn diese, in ihrer Verschiedenheit sich entfaltend für uns wahrnehmbar wird, wird sie *„Phänotypus"* genannt.

Hier sei noch auf ein ganz besonderes Phänomen hingewiesen. Wie der Mediziner und Forscher *Martin Schönberger* [8] feststellte, liegt das Oktavgesetz auch dem genetischen Code zugrunde. Die Doppelhelix (zwei ineinander verdrehte Spiralen) der DNS-Ketten weisen pro Drehung genau acht Sprossen auf. Jede Sprosse entspricht einer genetischen Information. Der ganze genetische Code ist dabei aus genau 8 x 8 = 64 verschiedenen „Wörtern" aufgebaut, die in immer anderen Kombinationen aufeinander folgen. Dem menschlichen „*Genotypus*" ist die Oktavstruktur ganz fundamental einverwoben. So ist es nicht verwunderlich, daß sein „*Phänotypus*" besonders stark auf das Phänomen der Oktave reagiert und natürliche Oktavfrequenzen besondere Resonanzen in ihm auslösen.

Heutzutage bleibt dieses Wissen weitgehend exklusiven, speziell vorgebildeten Zirkeln vorbehalten, die solch komplizierte Materie und das entsprechende „Fachchinesisch" verstehen. Wissenschaftler beschäftigen sich zumeist mit einem fest abgesteckten Bereich, dringen tief in denselben ein, doch fehlt oft die Brücke zum Alltagsleben der breiten Masse der Gesellschaft. So ist eben das Denken, Wissen und die Sprache der Wissenschaftler – von wenigen Ausnahmen abgesehen – durch einen tiefen Graben von der Alltagssprache getrennt.

Die Inhalte der Wissenschaft sind nicht direkt im menschlichen Erfahrungsbereich verwurzelt, sondern beruhen auf abstrakten Prinzipien. Diese Prinzipien sind allerdings vielen Menschen nicht zugänglich. Als Beispiel hierfür seien die Begriffe „Elektrizität" und „Licht" erwähnt. Diese Phänomene sind uns allen in mannigfaltigen Erscheinungsformen bekannt, und die Wissenschaft hat diverse Modelle konzipiert, um diese zu erklären. Was jedoch das Wesen dieser Sachverhalte an sich ist, vermag keiner zu begreifen. Es scheint ja auch viel nützlicher zu sein, die Dinge beherrschbar zu machen. Dies führt dazu, daß das Ganze auf scheinbar wesentliche Inhalte reduziert und in griffige Formeln gepackt wird. Die sogenannten Fakten werden dann mit Daten und Zahlen untermauert, die der nicht in dem entsprechenden Fachbereich vorgebildete Leser kaum verstehen kann.

Der zeitgenössische Mensch ist so, mit zunehmender technischer Entwicklung, einer ungeheuren, ständig wachsenden Flut von solchen Fakten ausgesetzt. Die Inhalte werden zuweilen darunter begraben, die Transparenz, „der Durchblick", geht verloren.

Wissenschaftler wissen oft sehr viel im Rahmen ihres Fachbereiches und verfügen über vielfältige Fachinformationen und gut durchstrukturierte Kommunikationssysteme, doch zumeist verfügen sie nicht über allgemein verbindliche Inhalte, nach denen eine ganze Gesellschaftsstruktur aufgebaut werden kann. Wird trotzdem der Versuch unternommen, der Gesellschaft die in der Wissenschaft allgemein gültigen Strukturen aufzuoktroyieren, dann wird die Menschheit von Wissenden und nicht von Weisen regiert. Am Zustand unserer Erde kann man sehr genau beobachten, wo das hinführt!

Der einzige Ausweg aus diesem Dilemma ist seit Jahrtausenden in vielen Kulturen bekannt: Sich bewußt werden, daß man selbst, als Mensch, ein Teil des Universums ist. In jedem Menschen wirken die gleichen (kosmischen) Naturgesetze. Nur derjenige, der wirklich im Einklang mit der Natur lebt, und nicht nur von den Naturgesetzen weiß, kann für sich in Anspruch nehmen, Weisheit zu erlangen. Der Makrokosmos muß im Mikrokosmos einen Resonanzkörper finden, wie auch der Mikrokosmos seinen Widerhall im Makrokosmos finden muß.

Wissen und Weisheit

Das TAO TE KING, das Buch vom Weltgesetz und seinem Wirken, eines der großen Weisheitsbücher der Menschheit, verfaßt etwa 600 v. Chr. durch den chinesischen Weisen Laotse, schließt im 81. und letzten Kapitel mit einer Betrachtung über die Gegensätzlichkeit von Wissen und Weisheit. Die hier wiedergegebene Übersetzung stammt von dem Kenner östlicher Weisheit Walter Jerven [9].

*"Wahre Worte sind nicht gefällig,
Gefällige Worte sind nicht wahr.*

*Die Wortreichen reichen das Leblose.
Der Lebende bereichert durch das Wortlose.*

Wissen verdrängt Weisheit.
Das Wissende haben heißt Nicht-Wissen haben.

Der Erwachte sammelt nicht und hat doch.

Je mehr er vergibt / um so mehr erwirbt er.
Je mehr er erwirbt / um so mehr vergibt er.

Des Wesens Weise ist:
Erschließen ins Beschließende.

Des Erwachten Weise ist:
Beschließen ins Erschließende."

Wissen bedeutet immer Ausgrenzung. Sagt man zum Beispiel: Man wisse über eine bestimmte Sache Bescheid, so impliziert man automatisch, daß man über eine andere Sache eben nicht – oder nicht so gut – Bescheid weiß.

Wissen ist immer bedingt, an bestimmte Dinge gebunden. Weisheit hingegen ist unbedingt, jenseits der Anhaftung an bestimmte Dinge. Weisheit ist eine allumfassende Erfahrung, im Gegensatz zum Wissen, das Erfahrungen vermittelt, die immer begrenzt sind.

Vor allem in den alten östlichen Philosophien wird deutlich vermittelt, daß der Pfad der Weisheit stets mit einem Einswerden mit dem „Großen-Ganzen" verbunden ist und sich niemals auf bestimmte Teilbereiche beschränken läßt. Die Essenz ist das Gewahrsein des eigenen „Eins-Seins" mit der „All-Einheit". Die Buddhisten nennen diesen Zustand „Tathata", was soviel bedeutet wie „So-Sein". Der Weg der Weisheit, der dorthin führt, wird im *Ashvaghosha* wie folgt beschrieben [10]:

„Was die Seele mit »So-Sein« meint, ist das Eins-Sein der Totalität aller Dinge, das große, allesumfassende Ganze".

„Beim Eintreten in das Samadhi der Reinheit (erlangt man) alles durchdringende Einsicht und wird dadurch der absoluten Einheit des Universums bewußt". Der tantrische Buddhist, Lama Anagarika Govinda, der wegen seiner sehr präzisen Ausführungen zu verschiedenen klassischen, religiösen und philosophischen Büchern aus dem alten China, Tibet und Indien international Bewunderung und Respekt zugesprochen bekam, beschreibt seine Weltanschauung wie folgt [11]:

„Der Buddhist glaubt nicht an eine unabhängig oder getrennt existierende äußere Welt, in deren dynamische Kräfte er sich hineinprojizieren könnte. Die äußere Welt und seine innere Welt sind für ihn nur zwei Seiten desselben Gewebes, in dem die Fäden aller Kräfte und aller Ereignisse, aller Formen des Bewußtseins und ihrer Objekte zu einem unauflöslichen Netz von endlosen, sich gegenseitig beeinflussenden Zusammenhängen verwoben sind."

Ganz in der östlichen Tradition verwurzelt, kommt der Co-Autor dieses Buches *Hans Cousto* in seinem Grundlagenwerk *„Die Kosmische Oktave – Der Weg zum universellen Einklang"* zu der Erkenntnis, daß *All-Ein Sein* nichts anderes bedeutet, als *Eins sein mit dem All* [12]:

„All-Ein-Sein heißt eins sein mit dem All. Die Schwingungen des Alls wahrzunehmen und sich auf diese Schwingungen einzustimmen heißt, sein Leben – oder einfach sich selbst – mit dem All in Einklang zu bringen. Ist die Person (von lat. per-sonare = zum Erklingen bringen, hindurchtönen) im Einklang mit dem Kosmos, so resoniert der Kosmos in ihr, der Kosmos findet seinen Widerhall in der Person. Wird man sich dessen bewußt, hat das Bewußtsein kosmische Dimensionen erreicht" .

„Wissen verdrängt Weisheit", so steht es im Tao Te King, doch Wissen und Weisheit bedingen einander auch. Das kann man als logische Konsequenz aus dem gleichen Buch herauslesen. Heißt es doch im zweiten Abschnitt [13]:

„Wer da sagt: Schön / schafft zugleich: Unschön.
Wer da sagt: Gut / schafft zugleich: Ungut

Bestehen bedingt Nichtbestehen.
Verworren bedingt Einfach.

Hoch bedingt Nieder.
Laut bedingt Leise.

Bedingt bedingt Unbedingt.
Jetzt bedingt Einst."

Die logische Konsequenz bedingt darum auch unbedingt:

Wissen bedingt Weisheit / Weisheit bedingt Wissen.

Wissen hat einen Bezug zum menschlichen Intellekt, Weisheit einen solchen zur menschlichen Psyche. Der Mythos, wie auch die rituelle Musik – und somit auch die Sphärenharmonien – haben (nach C. G. Jung) einen direkten Bezug zur menschlichen Psyche.

Sie sind ein Konzentrat, ein gemeinsames Gut, das von einer großen Gruppe von Menschen (kultur-) kollektiv erarbeitet wird, und nicht von einigen wenigen großen Denkern. Darum ist die Weisheit, die in einem Mythos oder einem Ritual überliefert wird, viel lebensnaher als das Wissen, das die Wissenschaft vermittelt.

Im Altertum war man auch der Meinung, daß das Wissen um die Stellung des Menschen im Weltgefüge diesen selbst erst „bildet". Daher bemühte man sich um Anschaulichkeit und schuf überall Abbilder der Welt, so zum Beispiel in Form von Tempeln oder musikalisch durch die „Sphärenharmonien". Das Wissen um diese Zusammenhänge bereitete dann den Weg zur Weisheit.

Klänge und Maße als kosmische Abbilder

In allen alten Kulturen wurden die irdisch- menschlichen Dimensionen haargenau aus dem Kosmos abgeleitet – als Maßeinheiten für Zeit und Raum.
Bauwerke wie die altägyptische Cheopspyramide, der hellenische Parthenon oder die gotische Kathedrale von Chartres sind Denkmäler einstiger Naturreligionen *(von lat. religare = etwas zurück-, auf- oder anbinden)*. Als anschauliches Vorbild binden sie die kosmischen Gesetze in geformten Stein – streng nach Maß und Zahl geeicht – und vermitteln so dem Menschen das harmonikale Gefüge der Welt zur Übertragung auf die Sphären der eigenen Seele. Der ganze Tempel war ein Abbild des ihn umgebenden Kosmos. Er war als „*Teil*" in Harmonie mit dem „*Ganzen*" – ein Prinzip, das man, wie schon erwähnt, im alten Rom „*pars pro toto*" nannte.

Cousto ließ sich Ende der siebziger Jahre von diesem „*pars pro toto*"-Prinzip zu seiner Berechnung der „*Kosmischen Oktave*" inspirieren. Aus der intensiven Resonanzübertragung zwischen den Oktaven in der Akustik, zu Beginn dieses Kapitels am Beispiel des Klaviers beschrieben, leitete er ein allgemeingültiges Prinzip der Energieübermittlung in der Natur ab. Er stellte sich die Welt, vom Makro- bis zum Mikrokosmos, als eine Tonleiter vor. Damit müßten sich die „*Oktavsprossen*" als Übertragungsstellen von Effekten zwischen Groß und Klein herausstellen. Der wissenschaftliche Schlüssel zur realen Anhörung der Sphärenharmonien war somit für die heutige Zeit gefunden.

In der antiken griechischen Überlieferung ist der Gedanke einer stets klingenden Sphärenmusik untrennbar verbunden mit dem von Legenden umrankten Weisheitslehrer *Pythagoras*. Heute noch spricht man von pythagoreischer Stimmung, und jeder Musikwissenschaftler und Harmoniker kennt das sogenannte *pythagoreische Lambdoma*, jene Zahlentafel, nach der das klassische Monochord gestimmt wird und von der die einzelnen musikalischen Intervalle, die die Tonhöhen bestimmen, abgelesen und dann am Monochord abgegriffen werden.

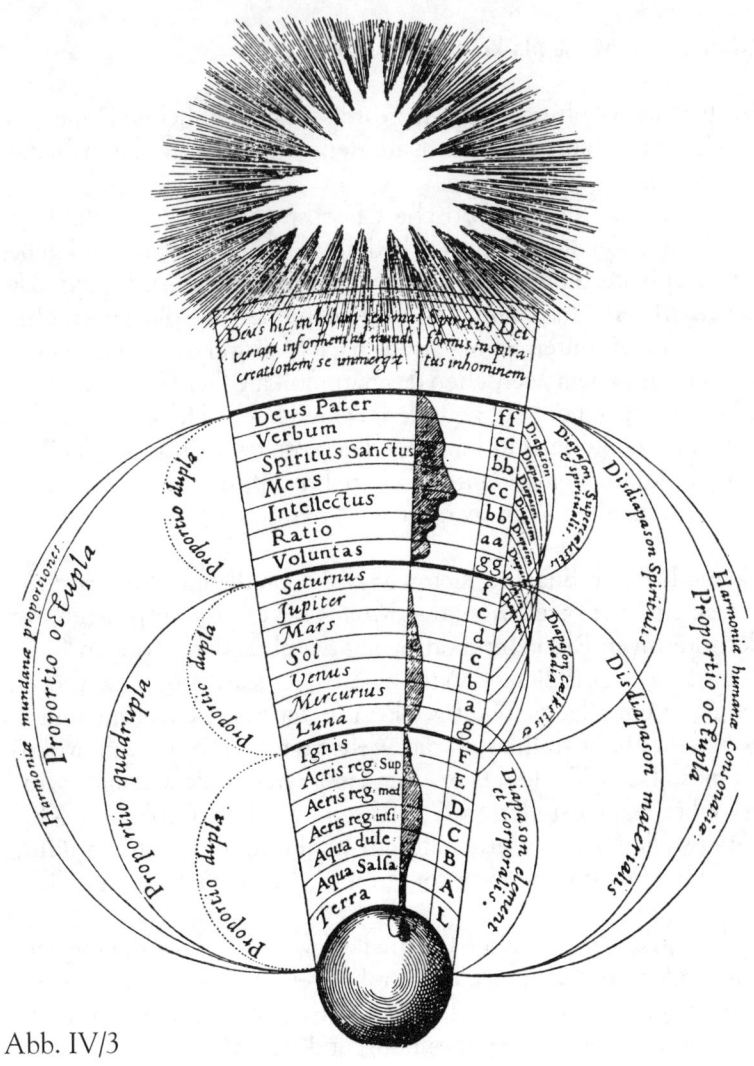

Abb. IV/3

Robert Fludd: Harmoniae mundi – Harmoniae humanae
Der Mensch als Ausdruck der Weltharmonie durch die Einhauchung
des Geistes Gottes

Kapitel IV — Musik des Kosmos

Der Name *Pythagoras* ist eng mit dem Begriff „Sphärenharmonie" verbunden – für viele gilt Pythagoras als Vater der Sphärenharmonien. Es wird berichtet, daß der mit übersinnlichen Fähigkeiten begabte Phythagoras den Klang der Gestirne tatsächlich „hören" konnte. So schreibt der neuplatonische Philosoph *Jamblichos* [14]:

„Er richtete Kraft eines unsagbaren und schwer vorzustellenden göttlichen Vermögens sein Gehör und seinen Geist fest auf das erhabene Zusammenklingen der Welt. Dabei hörte und verstand er – wie er erklärte – ganz allein die gesamte Harmonie und den Wettgesang der Sphären und Gestirne, die sich darin bewegten.

Diese Harmonie ergab eine vollkommenere und erfülltere Musik als die irdische; denn aus ungleichen und sich mannigfach unterscheidenden Geschwindigkeiten, Tonstärken und Schwingungsdauern von Klängen, die aber doch in einer klaren, überaus musikalischen Proportion aufeinander abgestimmt sind, werden Bewegung und Umlauf zugleich überaus wohlklingend in ihrer Farbigkeit unaussprechlich schön gestaltet. Von dieser Musik ließ er sich gleichsam durchtränken, ordnete seinen Geist in diesen reinen Verhältnissen und übte ihn darin... Davon gedachte er seinen Jüngern, so gut es ging, Abbilder zu geben, indem er die Sphärenmusik auf Instrumenten und durch die Stimme nachahmte."

Jahrhunderte, ja Jahrtausende lang haben große Denker der Idee der Sphärenharmonie gehuldigt. Unter ihnen befinden sich Philosophen wie *Platon, Cicero, Philon, Boethius* und *Fechner* sowie *Leibniz, Kant* und *Schelling*, Astronomen wie *Ptolemäus, Kopernikus, Kepler* und *Newton*, Harmoniker wie *Albert von Thimus* und *Hans Kayser* und Dichter vom Range *Dantes, Shakespeares, Goethes* und in neuerer Zeit vor allem *Hermann Hesse*.

Hermann Hesse erhielt für sein „*Glasperlenspiel*" im Jahre 1946 den Nobelpreis für Literatur. Das Glasperlenspiel ist ein Roman, dessen zentrales Thema ein „Spiel" ist, dessen Grundsätze in den Sphärenharmonien zu finden sind [15]:

„*...eine neue Sprache, nämlich eine Zeichen- und Formelsprache, an welcher die Mathematik und die Musik gleichen Anteil hatten, in welcher es möglich wurde, astronomische und musikalische Formeln zu verbinden, Mathematik und Musik gleichsam auf einen gemeinsamen Nenner zu bringen.*"

Das Gesetz der Oktave ist jener Grundsatz, an welchem die Mathematik und die Musik gleichen Anteil haben. Es ist jene Formel, mit welcher es möglich ist, astronomische und musikalische Formeln zu verbinden, Astronomie, Mathematik und die Musik, ja auch die Farben, auf einen gemeinsamen Nenner zu bringen.

KAPITEL V

DAS OKTAVGESETZ –
DIE VERBINDUNG ZWISCHEN HIMMEL UND ERDE

Die Oktave – ein kosmisches Bindeglied

Durch das Oktavgesetz ist es möglich, eine Sphäre in einen anderen Bereich zu übertragen, und so beide Systeme miteinander zu vergleichen, ähnlich wie man mit einem linearen oder logarithmischen Maßstab Dinge aus verschiedenen Größendimensionen zueinander in Bezug zu setzen in der Lage ist.

Zur Veranschaulichung stellen wir uns zwei Photos vor, wobei das eine die mikroskopische Aufnahme eines Mikrochips sei, das andere dagegen aus großer Entfernung geschossen wurde – die nächtliche Aufnahme einer Großstadt aus dem All. Vergleicht man nun beide Bilder, so werden sie trotz der verschiedenen Sphären, aus denen sie stammen, verblüffend viele Gemeinsamkeiten aufweisen.

Beide haben eine netzartige Struktur aus Geraden und rechten Winkeln. Die Netzstruktur dient dem Energiefluß, im ersten Fall für einzelne Elektronen, im zweiten Fall für den Verkehr zum Transport von Menschen und Waren. Beide „Energieströme" halten sich an streng vorgegebenen Regeln und werden durch eine hohe Informationsdichte gesteuert.

Dieses analoge Denken macht es möglich, Dinge aus unvorstellbar großen oder kleinen Bereichen der Natur und der Technik unserem Bewußtsein anzupassen und damit handlich zu machen. Wir sind auf die Transposition in unseren Maßstab angewiesen, also in die Sphäre, die wir mit unseren Sinnen erfassen. So können wir gemeinsame Strukturen aus verschiedenen Bereichen miteinander vergleichen.

Kapitel V   Das Oktavgesetz – die Verbindung zwischen Himmel und Erde

Hermann Hesse beschreibt dieses Phänomen – sehr literarisch – im Glasperlenspiel wie folgt [1]

„Ich begriff plötzlich, daß in der Sprache oder doch mindestens im Geist des Glasperlenspiels tatsächlich alles allbedeutend sei, daß jedes Symbol und jede Kombination von Symbolen nicht hierhin oder dorthin, nicht zu einzelnen Beispielen, Experimenten und Beweisen führte, sondern ins Zentrum, ins Geheimnis und Innerste der Welt, in das Urwissen. Jeder Übergang von Dur zu Moll in einer Sonate, jede Wandlung eines Mythos oder eines Kultes, jede klassische künstliche Formulierung sei, so erkannte ich im Blitz jenes Augenblickes, bei echter meditativer Betrachtung, nichts anderes als ein unmittelbarer Weg ins Innere des Weltgeheimnisses, wo im Hin und Wider zwischen Ein- und Ausatmen, zwischen Himmel und Erde, zwischen Yin und Yang sich ewig das Heilige vollzieht."

Hermann Hesse war ein Dichter, der die Beziehungen zwischen Himmel und Erde erahnte, ihre Bedeutung für die Musik erfühlte und diese ihn bewegende Erkenntnis in sein Glasperlenspiel hineinverwoben hatte. Er beschrieb Zusammenhänge, die viele Jahre später – wie es der Zufall so will, auf dem gleichen Hügel, in Montagnola auf der Collina d'Oro – Cousto in seinem Buch „Die Kosmische Oktave" [2] wissenschaftlich exakt formulierte.

Mit Hilfe des Oktavgesetzes hat er die Grundtöne unseres Sonnensystems berechnet. Sie entsprechen rein mathematisch-physikalischen Ableitungen und zeigen die wissenschaftliche Grundlage eines alten Mysteriums auf. Jeder Schritt ist, auch ohne akademisch-wissenschaftliche Vorbildung, leicht nachvollziehbar; selbst der Laie kann alles nachrechnen und muß nichts „glauben". Die Basis der Berechnungen sind astronomische Beobachtungsdaten, der Leitgedanke ist die musikalische Harmonielehre und gerechnet wird nach ganz einfachen mathematischen Prinzipien. So haben die planetarischen Grundtöne eine gesicherte naturwissenschaftliche Grundlage, doch „vereinigen sie in sich alle drei Prinzipien: Wissenschaft, Verehrung des Schönen und Meditation." (Zitat aus dem Glasperlenspiel).

Kapitel V   Das Oktavgesetz – die Verbindung zwischen Himmel und Erde

Die Sphärenharmonien im alten China ...

Coustos Arbeiten knüpfen an eine große alte Tradition an, die, alle Kulturen übergreifend, in uralten Überlieferungen wurzelt. Ein Vergleich mit den mehrere Jahrtausende alten Ausführungen des Chinesen *Li Gi* im *Buch der Sitten* führt dies näher vor Augen. Dieser schreibt über die Musik [3]:

„Die Musik ist die Harmonie von Himmel und Erde.
Die Sitte ist die Stufenfolge von Himmel und Erde.

Durch Harmonie verwandeln sich alle Dinge,
durch die Stufenfolge unterscheiden sich alle Dinge.

Die Musik hat ihren schöpferischen Ursprung im Himmel,
die Sitten formen sich nach der Erde.

Wenn der Formungen zuviel werden, so entsteht Verwirrung;
wenn des Schöpferischen zuviel wird, so entsteht Gewalt.

Nur wenn man Himmel und Erde klar erkennt,
vermag man Sitte und Musik zur Blüte bringen."

Durch die Anwendung des Oktavgesetzes ist es möglich, sich explizit in den universellen Einklang einzustimmen, die Sphärenharmonien nicht nur allegorisch anzudeuten, sondern in sich resonieren zu lassen, um das Wunder der himmlischen Harmonien zu erleben.

... und im heutigen Abendland

„Man schwingt tatsächlich im Kosmos mit all seinen unendlichen Erscheinungsformen mit. Als ich die grundlegende Überzeugung erlangt hatte, daß die Möglichkeit bestand, mich in jede der unendlichen Variationen im Universum einzustimmen, entstand in mir ein außerordentliches Hochgefühl, ich wurde extrem heiter und stürzte mich in weitere Forschungen."
John C. Lilly [4]

Kapitel V   Das Oktavgesetz – die Verbindung zwischen Himmel und Erde

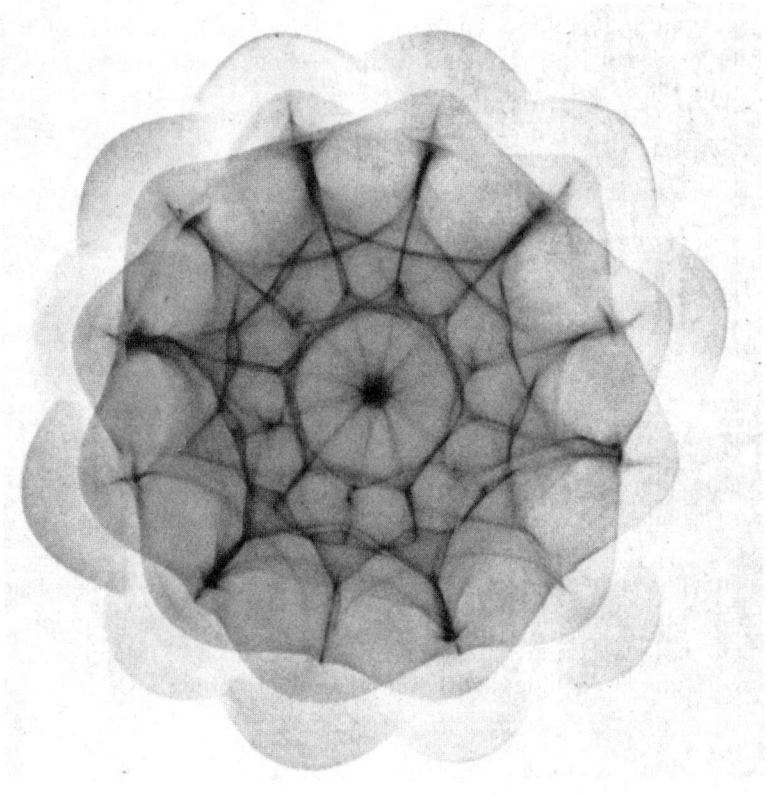

Abb. V/1

Tonerzeugte harmonikale Strukturen in einem Tropfen Flüssigkeit

Kapitel V   Das Oktavgesetz – die Verbindung zwischen Himmel und Erde

Die Rhythmen der Erde

Trotz des weitverbreiteten Glaubens vieler Menschen, Mittelpunkt und Maßstab aller Dinge zu sein, sind wir dem wirklichen Sinne nach eher Resonanzkörper der natürlichen Harmonien. Am existentiellsten wirken auf jede Person die Schwingungen unseres Planeten, denn unsere Erde rotiert, wandert und kreiselt und überträgt dabei ihre Dynamik auf uns, nicht zuletzt weil wir – ein relativ winziger – Teil von ihr sind.

Diese drei periodischen Erscheinungen prägen grundlegend unser menschliches Instrumentarium: Der Tag, bedingt durch die Rotation der Erde um ihre Achse, das Jahr, bedingt durch den Umlauf der Erde um die Sonne, und das Platonische Jahr, bedingt durch die Kreiselbewegung der Erdachse.

Die Rhythmen der Erde pulsieren in jedem von uns. Dieses Wissen gehört zu den ältesten kulturellen Überlieferungen der Menschheit.

Es ist ein schöpferisch-göttliches Prinzip in der Unterteilung von Zeit in gleichmäßige Abstände enthalten, das sich als ein fundamentales Element in der Natur widerspiegelt. Der Wechsel von Tag und Nacht, von den Jahreszeiten oder den Mondphasen, die sich stets wiederholen, spiegelt sich mikrokosmisch in den Rhythmen der Lebewesen wieder, wie im Pulsschlag, der Atemfrequenz oder in den Gehirnwellen. Rhythmisches Pulsieren gehört ganz elementar zur Manifestation von Lebendigkeit.

In archaischen Gesellschaften hatten religiöse Rituale die Funktion, den Einzelnen mit Allem, – Gott, Kosmos – in Einklang zu bringen. Die Tempel waren die Zentren dieser Einstimmung. Im Wort Tempel finden wir eine Wesensverwandtschaft mit dem lateinischen Wort „*tempus*", was Zeit bedeutet. Die Tempel sind mikrokosmische Abbilder der makrokosmischen Zeit. Verweilt man in ihnen, dann

Kapitel V   Das Oktavgesetz – die Verbindung zwischen Himmel und Erde

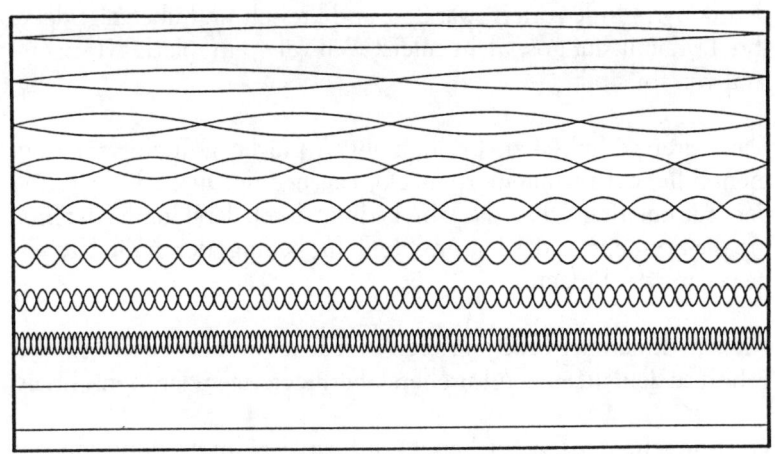

Abb. V/2

Die Schwingungsmuster der Oktaven (schematisch dargestellt) am Beispiel der schwingenden Saiten des Monochordes. Die erste Saite schwingt ganz, die nächste hat einen Knotenpunkt in der Mitte, schwingt also in der ersten Oktave. Jede Saite darunter hat die doppelte Schwingungszahl wie die vorhergehende und erklingt darum immer eine Oktave höher als die tiefere.

kann man gewahr werden wie die kosmische Zeit in diesen – zumeist sehr genau harmonikal abgestimmten – Stätten zu resonieren beginnt und man wird selbst von diesem universellen Einklang erfüllt.

Zeit, Frequenz und die Oktave

Die Periodendauer eines mittleren Sonnentages (bürgerlicher Kalendertag – im Gegensatz zum Sterntag, der etwa vier Minuten kürzer ist) währt 24 Stunden. Da jede Stunde 60 Minuten umfaßt und jede Minute wiederum 60 Sekunden gilt:

Tagesdauer in Stunden: 24 Stunden
Tagesdauer in Minuten: 24 x 60 = 1440 Minuten
Tagesdauer in Sekunden: 1440 x 60 = 86 400 Sekunden

Das Gegenstück zur Zeit ist die Frequenz. Physiker sagen, Zeit und Frequenz seien umgekehrt proportional zueinander. Das heißt nichts anderes, als daß die Frequenz eine Maßgabe ist, die pro Zeiteinheit gemessen wird. Im allgemeinen wird heutzutage die Frequenz in Hertz gemessen. Ein Hertz entspricht der Frequenz von einer Schwingung pro Sekunde. Will man nun die Frequenz des Erdentages berechnen, so muß man den Kehrwert der täglichen Sekundenzahl bilden, was soviel bedeutet wie die Zahl 1 durch 86 400 zu teilen. Die meisten Taschenrechner haben dafür eine besondere Funktionstaste (1/X), mit der man den Kehrwert auf Knopfdruck bilden kann. Das Resultat:

1 : 86 400 = 0,000 011 574 074

Dies ist die Maßzahl in Hertz der Grundfrequenz des Tages. Diese Frequenz ist nun weit unterhalb unserer Hörschwelle, die bei etwa 16 Hertz liegt. Bildet man nun von dieser Grundschwingung des Tages Oktaven, das heißt, multipliziert man diese Frequenz für jede Oktave mit der Zahl 2 (denn die Oktave hat die doppelte Frequenz des Grundtones), dann gelangt man nach 25 Oktaven (Verdoppelungen

Kapitel V   Das Oktavgesetz – die Verbindung zwischen Himmel und Erde

der Frequenz) zu einer Frequenz von 388,36 Hertz. Diese Frequenz entspricht einem Ton „G", genau genommen dem eingestrichenen g (g'). Die Erde rotiert im Ton G. Dies ist der Tageston der Erde. Er kann natürlich nicht nur in der eingestrichenen Oktave gehört werden, sondern in etwa 10 verschiedenen Oktaven beginnend bei etwa 24 Hertz. Die folgende Tabelle zeigt alle Frequenzen auf, in denen sich der Tageston im akustischen Bereich manifestiert:

24,27 Hertz	21. Oktave	G̲
48,55 Hertz	22. Oktave	G̲
97,09 Hertz	23. Oktave	G
194,18 Hertz	24. Oktave	g
388,36 Hertz	25. Oktave	g'
776,72 Hertz	26. Oktave	g"
1553,45 Hertz	27. Oktave	g'''
3106,89 Hertz	28. Oktave	g''''
6213,78 Hertz	29. Oktave	g'''''
12427,57 Hertz	30. Oktave	g''''''

Diese Töne sind akustische Hochpotenzen des Erdentages – im mathematisch-physikalischen wie auch im homöopathischen Sinne. Das „G" ist ein sogenannter „Urton" unseres Planeten. Im folgenden Kapitel werden die Besonderheiten der Urschwingung des Erdentages untersucht und verschiedene Anwendungsmöglichkeiten dafür erläutert.

KAPITEL VI

DIE URSCHWINGUNG DES ERDENTAGES

Beobachtbare Rhythmen

Die einfache Naturbeobachtung zeigt uns deutlich zwei verschiedene Rhythmen unseres Planeten. Die Rotation um die eigene Achse läßt Tag und Nacht werden, und der Umlauf um die Sonne bestimmt den Ablauf der vier Jahreszeiten Frühling, Sommer, Herbst und Winter. Der Wechsel von Tag und Nacht ist die kürzere der beiden irdischen Grundschwingungen. Sie ist auch diejenige, die am intensivsten erlebt wird und somit auch unseren Lebensrhythmus am meisten beeinflußt. Der Wechsel von Schlaf und Wachsein wird durch die Erdrotation bestimmt.

Bevor hier näher auf die Schwingung des Tages eingegangen wird, soll kurz aufgezeigt werden, wie überhaupt die Idee entstand, dieser Frage nachzugehen.

Maßeinheiten und der Kammerton

Man weiß: durch die Tätigkeit des Messens kann man etwas prüfen. Dieses Messen dient dem Vergleichen und in Beziehung setzen von Gegenständen, die meist konkreter körperlicher Natur sind. Nahezu alle Maßeinheiten, wie Meter und Kilogramm, sind (mehr oder weniger vernünftig) von der Natur abgeleitet worden, nur der Kammerton a', der Normton von 440 Hertz, hat überhaupt keinen natürlichen Bezug.

Das Maßsystem, das wir heutzutage gebrauchen, wurzelt vornehmlich in Bestimmungen, die in Paris zur Zeit der französischen Revolution vor gut 200 Jahren festgelegt wurden. So ist damals die Länge des Meters auf ein Zehnmillionstel eines Meridianquadrantes der Erde festgelegt worden. Ein Zehntel dieser Länge wurde dann ein Dezimeter genannt und ein Würfel mit der Kantenlänge eines Dezimeters hatte das Volumen eines Liters. Dann bestimmte man, daß ein Liter Wasser das Grundmaß für das Gewicht sei, nämlich ein Kilogramm. So wurden damals viele Maßeinheiten neu definiert und man trachtete immer danach, für jedes Maß einen Bezug zur Natur zu finden.

Maße dienen, wie das Wort schon sagt, zum Messen und Vergleichen von Größen und zur Festlegung bestimmter Grundeinheiten. Das Meter ist ein Längenmaß, der Liter ein Hohlmaß, das Kilogramm ein Gewichtsmaß. Das Grundmaß für die Musiker ist der Kammerton, jene Frequenz, auf die alle Instrumente in einem Orchester eingestimmt werden, damit der Zusammenklang einen harmonischen Wohlklang ergibt.

Es gibt keine Überlieferung der Bestimmung eines Kammertones zur Zeit der französischen Revolution. Die erste offizielle Festlegung, die für ein Land als verbindlich erklärt wurde, fand im Jahre 1859 statt. Damals legte die französische Regierung in Paris unter Anhörung und Mitwirkung von Musikern wie *Hector Berlioz*, *Giacomo Meyerbeer* und *Gioacchino Rossini* die Stimmung für das eingestrichene „a" auf 435 Hertz fest und *Lissajous* fertigte die sogenannte Normstimmgabel (diapason normal) an. Diese Stimmung wurde 1885 auf der Wiener Konferenz bestätigt und erlangte so internationale Anerkennung.

So wurde diese Stimmung von vielen abendländischen Staaten übernommen und hatte bis 1939 ihre Gültigkeit. In diesem Jahre wurde dann auf der 2. internationalen Stimmtonkonferenz in London die Kammertonfrequenz neu festgelegt und auf 440 Hertz angehoben. Diese Stimmung ist bis heute in vielen Staaten die „offizielle" Normstimmung; zum Beispiel werden elektronische Musikinstrumente vorzugsweise auf diese Stimmung geeicht.

Willkürliche und kosmische Stimmung

Der offizielle Kammerton von 440 Hertz ist willkürlich festgelegt worden und hat keinen Bezug zur Natur. Es stellte sich nun die Frage, wie es denn möglich sein sollte, eine Musik im Einklang mit der Natur zu komponieren und zu spielen, wenn der Grundton keinen Bezug zur Natur hat – eben keinen kosmischen Einklang in sich birgt. Dieser Frage sind schon viele Forscher nachgegangen, und es wurden auch die verschiedensten Vorschläge diesbezüglich gemacht, denn der Drang, echte orphische Musik zu kreieren, bewegte schon viele große Geister.

Der Begründer der Anthroposophie, *Rudolf Steiner*, lehnt sich da an *Paul Hindemith* an, der in der „*Unterweisung im Tonsatz*" [1] auf die Möglichkeit hinweist, den Grundton „C" in Einklang mit unserer Zeitrechnung zu setzen. (Der interessierte Leser sei hier auf das Buch „*Von Intervallen, Tonleitern, Tönen und dem Kammerton C=128 Hz*" von *Maria Renold* [2] hingewiesen. In diesem, 1985 in Dornach im Philosophisch-Anthroposophischen Verlag am Goetheanum erschienen Buch beschreibt die Autorin bis in alle Einzelheiten die Wirkungsunterschiede zwischen chromatischer Musik, die auf 440 Hz eingestimmt wurde, und diatonischer Musik, die auf einem C mit 128 Hz basierte.) Damit wäre das „C" immer eine Zweierpotenz der Grundeinheit „Hertz" (1 Hertz = eine Schwingung pro Sekunde), und hätte dann die folgenden Werte:

16 Hertz
32 Hertz
64 Hertz
128 Hertz
256 Hertz
512 Hertz
1024 Hertz
2048 Hertz
4096 Hertz

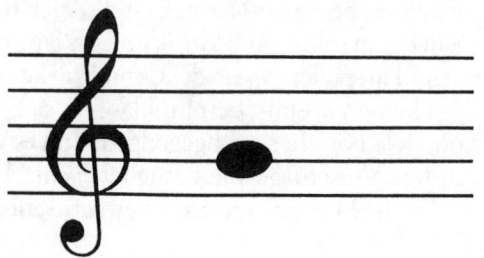

Abb. VI/1

Der Violinschlüssel zeigt den Tageston an. Die Violine ist auf das „G" eingestimmt und eröffnet daher den musischen Zugang zur Kultur des Abendlandes.

Dies scheint auf den ersten Blick eine vernünftige Lösung zu sein, doch auch sie entspringt einem Maß, das vom Menschen bestimmt wurde und nicht direkt aus der Natur abgeleitet worden ist. [3]

Im Sinne der antiken Harmonielehre ist die Wahl der Sekunde als Ausgangsbasis eines Stimmungssystems nicht ganz willkürlich, da sie in Relation zur Schwingung des ganzen Tages sich durch Oktaven, Quinten und große Terzen ableiten läßt. Mit anderen Worten, die Sekundenzahl des Erdentages (86 400) setzt sich ausschließlich aus den Faktoren 2, 3 und 5 zusammen, und die 2 (Frequenzverdopplung) steht für die Oktave, die 3 (Verdreifachung der Frequenz) für die Quinte, respektive Duodezime und die 5 (Verfünffachung der Grundfrequenz) für die große Terz, respektive Dur-Terz. Die Zahl der Sekundenzahl des Tages kann somit wie folgt geschrieben werden:

86 400 = 2 x 2 x 2 x 2 x 2 x 2 x 2 x 3 x 3 x 3 x 5 x 5

In der Schreibweise des Mathematikers:

86 400 = 2^7 x 3^3 x 5^2

Diese, wie auch andere Ansätze befriedigten *Cousto* nicht. Er wollte unbedingt einen Kammerton finden, der direkt in Harmonie mit dem Lauf der Dinge ist. Bei seinen Überlegungen kam er am 2. Oktober 1978 auf die Idee, astronomische Perioden mittels des Oktavgesetzes direkt in Töne zu transponieren. Die Rechnung für den Erdentag ist bereits im Kapitel „Das Oktavgesetz" im Abschnitt „Zeit, Frequenz und die Oktave" in allen Einzelheiten dargestellt und führt zum Ton „G".

Der Violinschlüssel zeigt die 25. Oktave des Tages an

Als er zum ersten Mal diesen Ton ausrechnete, war er enttäuscht, denn er wollte eigentlich ein „A" finden. Da er jedoch in der französischen Schweiz zur Schule gegangen war und die Volksschule auf französisch absolviert hatte, erinnerte er sich sofort: Den Ton, den er berechnete, nennt man „*sol*". Das Intonieren von Tonleitern nennt man „*solfier*", das Notenschulbuch heißt „*solfège*" und der Violinschlüssel wird „*clef de sol*" genannt. An der häufigen Verwendung des Tonnamens „*sol*" erkennt man, daß es sich dabei um einen wichtigen Grundton handelt. Weiter heißt auf französisch der Erdboden „*le sol*" und die Sonne „*le soleil*". Daraus folgerte er, daß für die astronomische Berechnung dieses Tones die Beziehung der Erde zur Sonne eine wichtige Rolle spielen muß.

Dieser sprachliche Zusammenhang gab ihm den Mut, weiterzurechnen, und die Töne des Jahres, des Mondes und der Planeten zu bestimmen. Es war doch erstaunlich, daß gerade der Oktavton des Erdentages in einem so verblüffenden Konsens eingebunden ist. Dies ist, im Sinne der alten jüdischen Zahlen- und Buchstabenmystik, „*Kabbala*" genannt, ein echter kabbalistischer Zufall: Die Namensgebung dieses Tones stammt aus dem 11. Jahrhundert von dem italienischen Benediktinermönch *Guiodo von Arezzo* und wurde nach der ersten Silbe des 5. Taktes aus dem Johannes Hymnus „*Ut queant laxis*" von *Paulus Diaconus* entnommen, als dieser in der Kathedralschule zu Arezzo die Noten bezeichnete, um sie mit seinen Schülern zu üben.

Orangerot ist die Farbe des Tages

Das menschliche Ohr kann Tonhöhen unterscheiden. Die Frequenz eines Tones bestimmt seine Höhe, und wir können mit dem Ohr Frequenzen zwischen etwa 16 Hertz und 20 000 Hertz wahrnehmen. Dies entspricht ungefähr einem Umfang von 10 Oktaven.

Das menschliche Auge kann Farben unterscheiden. Die Frequenz einer Grund- oder Spektralfarbe zeigt die Farbabstufung an. Die tiefsten Frequenzen, beginnend bei etwa 375 Billionen Hertz, sehen wir als Rot, und mit zunehmender Frequenz verändert sich der Farbton in der Rangfolge der Regenbogenfarben von Rot über Orange, Gelb, Grün, Blau bis hin zum Violett. Bei etwa 750 Billionen Hertz endet unser Sehvermögen. Das Spektrum, das unser Auge wahrnehmen kann, umfaßt somit eine Oktave.

Die 65. Oktave des Erdentages hat eine Frequenz von 427 Billionen Hertz. Dies entspricht einer Wellenlänge von 702 Nanometern. Diese Frequenz und Wellenlänge sehen wir Orangerot.

Wer orangerote Kleider trägt, dynamisiert seine DNS

Orangerot ist die Farbe, mit der sich seit alters her die indischen Bettelmönche (Sannyasins) kleiden. Manche mögen sich auch noch an die vielen orangerot gekleideten Mitglieder einer Sekte in unseren europäischen Städten erinnern. Diese Kleidung sammelt die Energie der Erdrotation.

In diesem Zusammenhang ist hier eine bemerkenswerte Beziehung zwischen der Farbe Orangerot und der Erbsubstanz zu erwähnen. Die Trägersubstanz der Erbmasse, die DNS (Desoxyribonukleinsäure), aus der die Chromosomen bestehen, haben nach Untersuchungen von *Fritz Albert Popp* an der Universität Marburg ein Resonanzmaximum von 351 Nanometer. Somit resoniert die Erbmasse des Menschen genau in der 66. Oktave des Erdentages, und die Farbe Orangerot, die 65. Oktave des Tages, erzeugt als ersten Oberton (erste Oberoktave) genau dieses Resonanzmaximum.

Durch das Tragen von orangeroter Kleidung kann man somit seine eigenen Gene dynamisieren. Dies belegen auch Untersuchungen von *Prof. Dr. Max Lüscher* [4], der in Versuchsreihen in Kanada männliche Enten (Erpel) unter verschiedenfarbigem Licht, aber sonst gleichen Bedingungen, aufgezogen hat, und beobachten konnte, daß die Erpel unter orangerotem Licht ein mehr als doppelt so

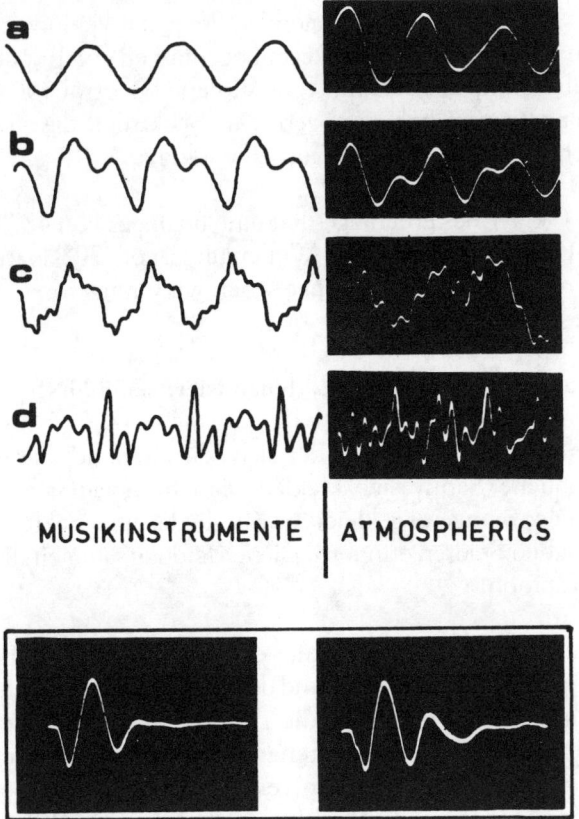

Abb. VI/2

Spherics
Oben: Vergleich zwischen den Schwingungsformen von Musikinstrumenten und Original-Atmospherics-Impulsformen:
a: Stimmgabel; b: Flöte; c: Klarinette; d: Oboe.
Unten: Zwei 10 Kilohertz-Impulse in noch wirksamer Form.
Beide Abbildungen entnommen aus einem Artikel von Hans Baumer in „Technischer Informationsdienst".

schnelles Hodenwachstum aufwiesen als eine Vergleichsgruppe unter hellblauem Licht.

Tagestonfrequenzen in der Natur

Die Oktave ist das grundlegende musikalische Intervall in der allgemeinen Harmonielehre. In jeder Tonart wird die Tonstufenfolge, und damit auch die Namen der einzelnen Töne, von Oktave zu Oktave wiederholt. Oktaven sind zueinander selbstähnlich. Von allen Intervallen ist die Oktave dasjenige, welches bei gleichem Energieniveau die stärkste Resonanz auslöst. Darum kann man auch viele Oktavanalogien in der Natur beobachten.

So sind gewisse elektromagnetische Impulse, „*Spherics*" genannt, die in der Erdatmosphäre vorkommen vorwiegend genaue Oktavfrequenzen zur Rotation der Erde. Die Spherics, auch Atmospherics genannt, sind kurzlebige, stark gedämpfte elektromagnetische Impulse in der Erdatmosphäre, die das Wetter beeinflussen. Auf Grund der vorkommenden Frequenzen kann vorhergesagt werden, ob sich das Wetter in ein bis zwei Tagen ändern wird oder nicht, beziehungsweise, ob eine Kaltluftfront im Anmarsch ist. Die Spherics kommen in sehr schmalbandigen Frequenzbereichen vor, die zwischen 4 und 30 Kilohertz liegen. Von den sieben bekannten Hauptfrequenzbereichen sind

drei	auf „G",	den Grundton des Tages,
zwei	auf „C",	Quarte zum Tageston,
eine	auf „E",	große Sexte zum Tageston,
eine	auf „A",	Ganzton zum Tageston

gestimmt. Es handelt sich hier um natürliche, reine Intervalle – also eine echte Sphärenmusik. Bemerkenswert ist, daß die Abweichung von den ganzzahligen natürlichen Intervallverhältnissen weit geringer als ein Promille ist!

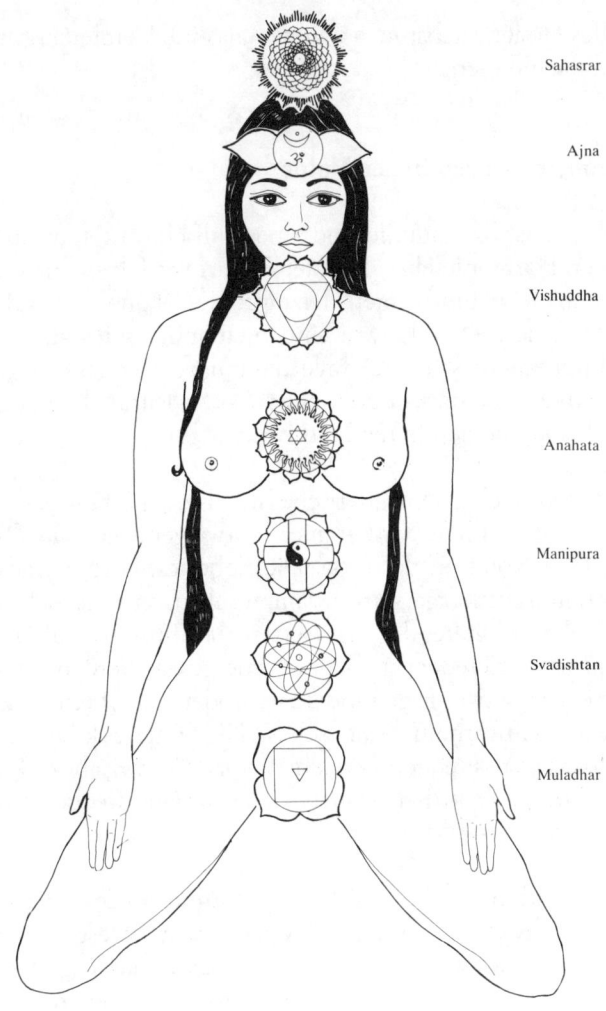

Abb. VI/3

Der Mensch mit den sieben Hauptchakren. Die entsprechenden indischen Bezeichnungen sind von unten nach oben: Muladhar, Savadistan, Manipura, Anahata, Vishuddha, Ajna, Sahasrar.

Kapitel VI *Die Urschwingung des Erdentages*

Weiter wurde auch eine Beeinflussung von Eiweißmolekülen durch bestimmte Sphericsfrequenzen nachgewiesen. So hat *Hans Baumer* [5] aus Pfaffenhofen, einer ländlichen Kleinstadt im Norden von München, über viele Jahre hinweg die Auswirkung der Spherics auf das Verhalten von Druckplatten, die für den Tiefdruck bestimmt waren, untersucht. Es war nämlich seit langem bekannt, daß die Qualität von Drucken im Tiefdruckverfahren in einem ursächlichen Zusammenhang mit dem Wetter stehen. Auf den Druckplatten wird nämlich eine Gelatineschicht aufgetragen, die aus langen Eiweißmolekülen besteht, und die verändert sich beim Aufkommen einer bestimmten Sphericsfrequenz. Es handelt sich hierbei um die einzige Frequenz, die zu einer anderen Sphericsfrequenz eine disharmonische Proportion hat. Tritt nun diese, im Verhältnis seltene, disharmonische Frequenz im Gefüge der Spherics auf – genau jene, die auch für das Aufkommen von Kaltluftfronten zuständig ist – dann verändern sich die Oberflächenstrukturen der Eiweißmoleküle, die feinen Rasterungen in der Gelatineschicht verändern sich, und das Druckresultat wird dadurch beeinträchtigt.

Doch nicht nur in der Druckindustrie, sondern auch in der Medizin, spielen die Spherics eine nicht unbedeutende Rolle. Die gleiche disharmonische Frequenz soll nämlich für das Eintreten epileptischer Schübe verantwortlich sein. So hat Hans Baumer in Zusammenarbeit mit dem Max Planck Institut für Psychiatrie in München beobachten können, daß epileptische Schübe nur dann auftreten, wenn diese eine Sphericsfrequenz auftritt. Man ist nun dabei, den betroffenen Patienten kleine Funkempfänger auszuhändigen, die sie vor diesen Spherics warnen, damit sie ihre Medikamente, die die Schübe unterdrücken, nehmen können. Die Signale für die Funkempfänger werden von zwei Meßstationen in Pfaffenhofen und in Nürnberg ausgestrahlt. Kommen diese Frequenzen jedoch nicht vor, dann besteht auch keine Gefahr eines epileptischen Schubes, und in dieser Zeit müssen die Medikamente auch nicht eingenommen werden. So kann der Medikamentengebrauch um den Faktor vier bis fünf reduziert werden.

Wenn man sich nun auf den Tageston „G" einstimmt, dann ist man auch gleichzeitig auf die wetterbestimmenden Sphericsfrequenzen eingestimmt, wie auch auf den mikrobiologischen, molekularen Bereich der Eiweiße. Die Einstimmung auf diesen Ton bringt uns in vielerlei Hinsicht in Einklang mit der Natur und in Einklang mit uns selbst, denn man vergesse nicht, wieviele verschiedene Eiweißformen (Proteine) in uns wirksam sind, und wie lebensnotwendig diese für uns sind. Schon das Fehlen eines einzigen Eiweißes in unserem Körper, oder die Unfähigkeit, ein bestimmtes Eiweiß richtig aus der Nahrung zu extrahieren, kann zu schwerwiegenden gesundheitlichen Störungen führen.

Der Tageston „G" hat eine dynamisierende Wirkung...

Eine Musik, die auf den Tageston eingestimmt ist, hat einen deutlich dynamisierenden Charakter, wirkt belebend und aktivierend. Sie ist somit für dynamische Meditationen geeignet, besonders für Gruppenmeditationen, bei denen Tanz und Körperausdruck im Mittelpunkt stehen.

... und ist für präorgastische Sequenzen geeignet

Untersuchungen in Amsterdam, die vorwiegend im Sexmilieu des „Red Light District" durchgeführt wurden, haben die dynamisierende Wirkung dieses Tagestones deutlich bestätigt [6]. Dort wurde verschiedenen Lebedamen, wie auch Callboys, eine Musik in „G" und eine Musik in „CIS" (Jahreston) zum Testen zur Verfügung gestellt. Dabei kamen die Cassetten von *Prof. Joachim Ernst Berendt „Urtöne"* [7] zur Anwendung, die genau auf den Tages- respektive Jahreston eingestimmt sind. Übereinstimmend bestätigten die Profis aus dem Sexgewerbe die aktivierende Wirkung des Tagestones und die beruhigende Wirkung des Jahrestones.

So erhielt die Tagestonmusik die Bezeichnung „*präorgastische Sequenzen*" und die Jahrestonmusik die Bezeichnung „*postorgastische Sequenzen*". Speziell für Männer ist die Tagestonmusik vor dem Sexualakt sehr geeignet, da diese Schwingung nicht nur die allgemeine Energie steigert, sondern auch die Energiespannkraft, also jene Energie, die jederzeit abgerufen und umgesetzt werden kann.

Energieströme im Menschen

Bei einem intensiven Sexualakt kann man einen erquicklichen starken Energiestrom entlang der Wirbelsäule empfinden. Bis heute hat die westliche Medizin kein Erklärungsmodell für diese Tatsache aufzuweisen. Im Gegensatz dazu entwickelten chinesische und indische Gelehrte und Mystiker über die Jahrtausende Vorstellungen vom Menschen als einem Energiekörper, einverwoben in ein universelles Energie und Bewußtseinskontinuum. Es wurden Therapien entwickelt, die diese Beziehungen zwischen den physischen und nichtphysischen Aspekten des menschlichen Seins herstellen und bewußt werden lassen.

Das hierzulande bekanntere System ist das chinesische der „*Akupunktur*". Dort, im „*Reich der Mitte*", wurde vor etwa 4500 Jahren ein Modell konzipiert, das auf der Energie „*Chi*" der „*vitalen Kraft*" basiert, die in subtilen Energiekanälen, den sogenannten Meridianen, durch den Körper zirkuliert. Mittels feiner Nadeln aus Edelmetall, die an speziellen Punkten in die unter der Haut verlaufenden Kanäle gestochen werden, läßt sich der Energiefluß manipulieren.

Die Kundalini und die Chakren

Das indische System ist noch abstrakter, das heißt, noch weniger an den materiellen Körper gebunden. Hier ist der oben erwähnte Energiestrom entlang der Wirbelsäule das zentrale Thema und wird dort

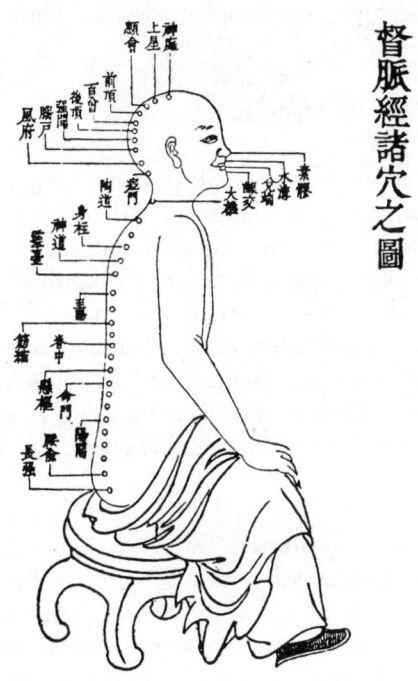

Abb. VI/4

Zentren auf dem Lenker- oder Du-Mai- Meridian. Chinesische medizin-historische Darstellung.

Kapitel VI *Die Urschwingung des Erdentages*

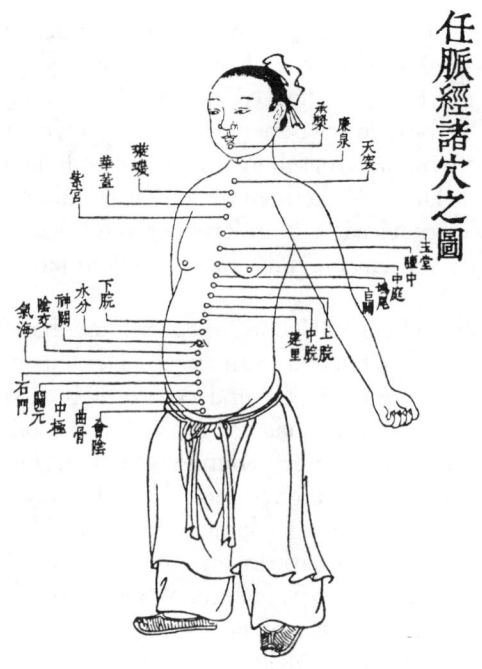

Abb. VI/5

Zentren auf dem Diener- Ren-Mai- Meridian. Chinesische medizinhistorische Darstellung.

zumeist „*Kundalini*" genannt, was soviel heißt wie: Schlangenkraft. Die klassische indische Darstellungsweise ist der Vergleich mit einer sich aufrichtenden Königskobra. Die Kundalini beginnt beim Steißbein, läuft entlang der Wirbelsäule bis zum Kopf und endet an der Oberseite der Schädeldecke.

Allgemein werden in der Kundalini sieben besondere Energieschwerpunkte erwähnt, die man „*Chakren*" nennt. Chakra kann man sinngemäß mit Energie-Blüte (Rad) übersetzen. Über die Chakren findet eine Verbindung zwischen dem konkreten physischen Körper und weiteren nicht-physischen und nicht-individuellen Energiesphären statt. Die Inder kennen die unterschiedlichsten Arten von „Yoga" – was soviel wie verbinden oder vereinigen bedeutet – um diese anderen Dimensionen des Seins zu erkennen.

In jüngster Zeit gibt es Versuche diese Zusammenhänge mit Hilfe der modernen Wissenschaft zu verifizieren. Der Japaner *Dr. Hiroshi Motoyama*, Shintopriester, Arzt und Experte für Raja Yoga, beschreibt in seinem Buch „*Science and the Evolution of Consciousness*" [8], Meßapparaturen und Untersuchungsmethoden, mit denen er verblüffende Nachweise erbringt. So zeigt er anhand von Meßprotokollen auf, daß es Menschen gelingen kann, selbst ihren Herzschlag bewußt zu regulieren und auf Null zu bringen, ein Phänomen, das es gemäß der westlichen medizinischen Wissenschaft gar nicht geben kann, weil diese körperlichen Vorgänge ja vom Unterbewußtsein gesteuert werden. Für das Projekt ORPHEUS ist in diesem Zusammenhang interessant, daß es nachweisbar außernormale Bewußtseinsdimensionen gibt, ein Ansatz, von dem auch die Autoren dieses Buches ausgegangen sind. *Motoyama* beschreibt weiter, *„... daß das menschliche Wesen aus drei verschiedenen Körpern besteht, nicht nur dem materiellen, den wir kennen."* Er benennt diese Körper als *„physisch"*, *„astral"* und *„kausal"*.

„Jeder von diesen Körpern handelt als ein Medium, das zu der entsprechenden Energiedimension und der Bewußtseinsdimension Zugang hat." [9]

In unserem Buch werden diese Dimensionen „*Körper*", „*Seele*" und „*Geist*" genannt, und es wird dargestellt, wie diese menschlichen Sphären einverwoben sind in die Sphärenharmonien von Makrokosmos und Mikrokosmos. Daher beschreiben wir auch zu jedem Erdenton dessen Wirkung auf die verschiedenen Seinsbereiche, die sich der direkten sinnlichen Wahrnehmung verschließen. Die Wirkungen dieser Schwingungen wurden innerhalb der letzten zehn Jahre von vielen Ärzten, Therapeuten und Meditationslehrern unter Anwendung kosmisch eingestimmter Stimmgabeln (auf die Töne der Erde, des Mondes, der Planeten sowie der Sonne) sowie beim Einsatz einer auf diese Töne genau eingestimmten Musik, getestet und überprüft. Die drei Erdentöne zeigten sich als besonders wirksam, und darum wurden diese nun in eine Maschine integriert, deren Wirkungskoeffizient weit höher und intensiver ist, als derjenige der Stimmgabeln. Im weiteren Verlaufe des Buches wird gezeigt werden, daß die Meditation mit dem ORPHEUS-Gerät die Rezeption rein sinnlicher Reize weitgehend irritiert und ausschaltet und dadurch die Erfahrung dieser außernormalen Bewußtseins- und Energiedimensionen ermöglicht.

Der Tageston „G" wirkt auf das Wurzelchakra

Der unterste Wirbelsäulenpunkt ist das „*Muladhar-Chakra*" und liegt am Damm (Perinäum). Dies ist auch der Ausgangspunkt der Kundalini, jener Schlangenkraft, die alle Chakren durchströmt. Nach *Dr. Motojama* wirkt dieses Zentrum auf den physischen Körper, als die Kraft, „*die jedes menschliche Wesen in seine individuelle Gestalt formt.*" [10] Der Tageston aktiviert dieses Zentrum und erweckt das Feuer in der Kundalini; sie kann sich daraufhin voll entfalten. Der ganze Körper wird von der vitalisierenden Energie durchflutet, man fühlt sich wacher und lebendiger, stärker und energievoller. Eine solche Anwendung ist vor allem morgens nach dem Aufwachen zu empfehlen. Wenn man tagsüber „die erste Geige spielen" will, stärkt man so wirkungsvoll seine Schaffenskraft.

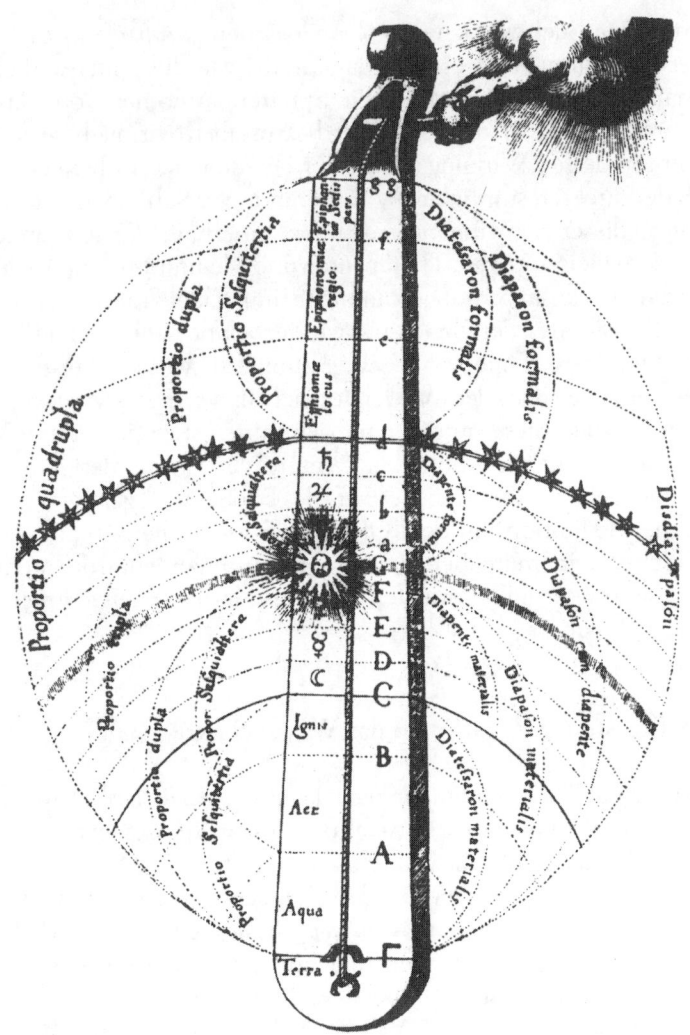

Abb. VI/6

Weltmonochord – man beachte die zentrale Stellung des Tones „G".
Aus: Robert Fludd: „*Metaphysika…*" (1619 A.D.).

Kapitel VI   *Die Urschwingung des Erdentages*

Die Dynamik des Tagestones in der abendländischen Gesellschaft

Der Tageston „G" ist die Schwingung des kürzesten und konkretesten Rhythmus der Erde. Dieser Schwingung wird in der abendländischen Industriegesellschaft am meisten gehuldigt. Auch die technischen Errungenschaften des Westens sind zumeist kurzlebiger Natur, da sie immer rascher von neuen, verbesserten Entwicklungen abgelöst werden. Darum ist das Rastlose auch ein Charakteristikum unserer Gesellschaft. Es herrscht ein fast neurotischer Zwang vor, alles Gegebene weiter zu optimieren und zu verbessern. Die Konzentration auf die Dinge, deren wir uns bedienen, läßt zuweilen die Werte vergessen, die den ausmachen, der eigentlich dadurch bedient werden soll: Den Menschen selbst.

Ich denke, also bin ich – der Geist wird gleichgesetzt mit dem Selbstbewußtsein, einem „Ego". Dieses belebt einen stofflichen Körper, der an sich nur tote Materie wäre. Der bewußte Wille steuert den Menschen, macht ihn zum „Individuum", einzigartig und von allem getrennt. Das Andere wird abgespalten. Es ist das Unbewußte, Unbekannte, das es zu entdecken, erforschen und zu beherrschen gilt.

Wie schon in der Einleitung erwähnt, wurde diese Weltanschauung in der zeitgeschichtlichen Epoche der Aufklärung entwickelt. Damals wurde das mechanistische Weltbild geprägt, in dem alles, was in der gigantischen kosmischen Maschine geschieht, sich gegenseitig als Ursache und Wirkung beeinflußt.

„Ein Intellekt, der zu einem gegebenen Zeitpunkt alle in der Natur wirkenden Kräfte kennt und die Lage aller Dinge, aus denen die Welt besteht – angenommen, der erwähnte Intellekt wäre groß genug, diese Daten zu analysieren –, würde in derselben Formel die Bewegung der größten Körper im Universum und die der kleinsten Atome erfassen; ihm wäre nichts ungewiß, und die Zukunft wie die Vergangenheit wären seinen Augen gegenwärtig."

                                   Pierre Simon Laplace [11]

Kapitel VI Die Urschwingung des Erdentages

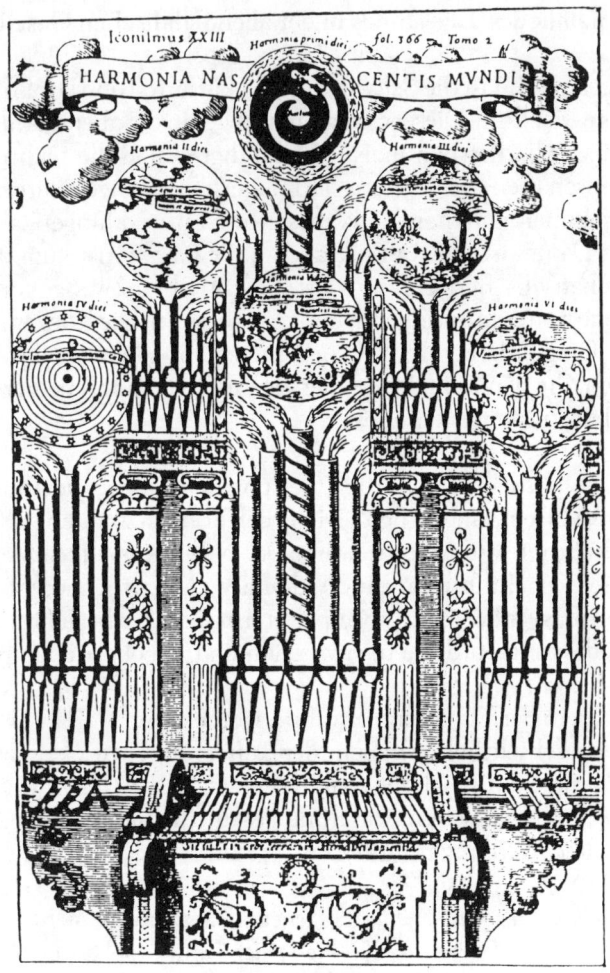

Abb. VI/7

Die Harmonie der Weltschöpfung
Aus: Athanasius Kircher: „*Musurgia Universalis*" (1650 A.D.).

Kapitel VI	*Die Urschwingung des Erdentages*

In jüngster Zeit ermöglichen immer leistungsfähigere und schnellere Rechner in global vernetzten Medien einen immer größeren Datenaustausch. Damit verbreiten sich die Werte der westlichen „High-Tech-Gesellschaft", die vornehmlich rein dinglich-materieller Art sind. Die Aufmerksamkeit gilt der äußeren Gestalt, ist also „exoterisch". Eine „esoterische" Sichtweise, also der Bezug auf das innere Wesen einer Erscheinung, gilt bei den maßgeblichen Institutionen nicht als zweckmäßig.

Das manifestiert sich zum Beispiel am hohen Stellenwert, den der Spitzen- und Leistungssport in der westlichen Welt einnimmt. Hier zählt nicht die Persönlichkeit eines Sportlers, sondern alleine seine Leistung.

Das „Abendland" behauptet heutzutage als sogenannte „Erste Welt" eine globale Führungsrolle und überzieht die Erde mit ihrem Verfahrensmuster und Denkraster. Entsprechend sieht es auf der Welt aus. Die technischen Probleme werden mit viel pragmatischer und nutzungsorientierter Energie angegangen. Es werden diesbezüglich die verschiedensten „Szenarien" entwickelt, um den Problemstellungen gerecht zu werden und Lösungsvorschläge zu erarbeiten. Was jedoch den inneren seelischen Frieden anbelangt, zeigt sich der Westen völlig hilf- und machtlos. Eine stets anwachsende Zahl von Menschen kann dem schnellen Fortschritt nicht mehr folgen und „rastet" aus dem programmierten Gesellschaftsideal aus. Diese Menschen spüren das seelische Defizit der allgemein gültigen und geförderten gesellschaftlichen Entwicklung und suchen nach Auswegen. Da jedoch die gegebene Sozialstruktur und die in den Schulen beigebrachten Erfahrungsmuster dem seelischen Moment seit vielen Jahrzehnten nicht genügend Rechnung getragen haben, liegt der Ausweg immer häufiger in der Substituierung der Probleme durch irgendwelche Ersatzmittel: Alkohol, Medikamente und Suchtdrogen.

Es gilt darum, dem Gleichgewicht im Menschen zwischen Körper, Seele und Geist vermehrt Aufmerksamkeit zu schenken. Das folgende Kapitel widmet sich mehr der Seelenstruktur des Menschen, es zeigt, wie das Kreative der Tagestimmung durch das Empfangende, das durch den Jahreston angeregt wird, ergänzt werden muß.

KAPITEL VII

VOM FERNEN OSTEN UND DEM MITTELMEERRAUM

Die magische Anziehungskraft des fernen Ostens

Ende der sechziger Jahre setzte ein außergewöhnlicher Reiseboom europäischer und nordamerikanischer Jugendlicher in Richtung Indien ein, der bis gegen Ende der siebziger Jahre dauerte. Danach flaute die Welle etwas ab, doch immer noch pilgern Tausende und Abertausende junger Abendländer nach Indien, um die dortige Kultur kennenzulernen. Viele Kulturschaffende im „goldenen Westen" fragen sich nach dem Grund dieser Mode – welche Sehnsüchte können dort mehr befriedigt werden als im eigenen Land? Einer der magischen Anziehungspunkte der indischen Tradition ist sicherlich die geheimnisumwobene Atmosphäre, die durch Tempelmusik hervorgerufen wird.

Am Anfang war...

Für die Juden, Christen und Moslems war am Anfang das „*Wort*" – denn als Gott die Welt erschuf, da sprach er „*Es werde Licht!*" – und es ward Licht! Gott konnte von Anbeginn an sprechen; die Sprache und das Wort mußte er nicht erst erschaffen: Das Wort als schöpferisches Werkzeug.

Der semitische Gott, Ahnvater von drei großen Weltreligionen, vermittelte den Menschen durch das Wort, was sie zu tun und zu lassen hatten, was ihm, Gott, gefällig ist und was nicht. Dies wurde in Form vieler Gebote (Gesetze) genau festgelegt. Die Verkündigung erfolgt durch das Wort; wesentliche Teile der Gottesdienste werden in gesprochener Form zelebriert.

In der indischen und tibetischen Kultur war am Anfang „Nada", der Ton, der Urklang. Er wird dort auch „Sadja" genannt, das heißt „der Vater der anderen". Dieser Ton ist immerwährend, nie vergehend. Er ist identisch mit der „Weltseele" (Brahman), dem Prinzip, das alles schafft, trägt, erhält und wieder in sich zurücknimmt.

Zum Vergleich beider Weltanschauungen bieten sich die religiösen Rituale an, die sich daraus entwickelt haben.

Von der Macht der Sprache im Ritual

Die römisch-katholische Kirche, als selbsternannte Hüterin der geistig-moralischen Werte des Abendlandes, leitet ihre Autorität nicht allein aus der Heiligen Schrift ab, sondern bezieht sich ausdrücklich auch auf sogenannte „Traditionen", wie in verschiedenen Dogmen festgelegt wurde. Die Verkündung des Heiligen Wortes geschieht in der Predigt; der gruppendynamische Zusammenschluß der Gemeinde erfolgt in der „Liturgie". Die Liturgie umfaßt in der christlichen Kirche die vom Geistlichen vom Altar aus im Wechsel mit der Gemeinde gesungenen oder gesprochenen Teile des Gottesdienstes.

Das Wort „Liturgie" wurzelt in dem griechischen Wort „Leiturgia". Leiturgia bedeutete ursprünglich: „Dienst am Volk". Liturgische Rituale dienten der Herstellung von Gemeinsamkeit und Einigkeit. Diese Zeremonien bilden das sogenannte „gesunde Volksempfinden" aus, was zeigt, daß man solche Rituale auch mißbrauchen kann. Die auf der ganzen Erde in lateinischer Sprache zelebrierten heiligen Messen führten zu einem magischen Gemeinsamkeitsgefühl unter allen Gläubigen, die daran teilnahmen.

Die Wirkung der Liturgie war das verbindende Element. Diese weltumspannende Gemeinsamkeit hat ein völkerverbindendes morphogenetische Feld beherbergt, das im Rahmen der durch das zweite Vatikanische Konzil im Jahre 1963 eingeleiteten Erneuerung der Gottesdienstordnung und der Einführung der jeweiligen Landessprachen zerstört worden ist.

Der englische Biologe *Rupert Sheldrake* hat in zahlreichen Untersuchungen den Nachweis erbracht [1], daß Gedankenkraft ein energetisches Feld aufbaut, und weiter, daß ein morphogenetisches Feld entsteht, wenn viele Menschen das Gleiche denken oder glauben. Dieses Feld ist eine Art Energiereservoir, von dem jene zehren können, die sich auf die Schwingung eines solchen Reservoirs einstimmen. Aus diesem Phänomen resultiert unter anderem die Kraft des Gebetes wie auch die Kraft, die entsteht, wenn viele Menschen an ein politisches Ziel glauben.

Die Religion des Islam ist ein ausgezeichnetes Beispiel für ein intaktes, funktionierendes morphogenetisches Feld. Rund um den Globus, im Einklang mit der Rotation der Erde, schickt der gläubige Moslem im Gebet oder beim Rezitieren der Suren aus dem Koran – weltweit in arabischer Sprache – seine Energie Richtung Mekka. Der Pilger, der sich dort, in dieser heiligsten aller moslemischen Stätten, aufhält, befindet sich quasi im Brennpunkt aller von seinen Glaubensbrüdern ausgesandten Schwingungen, ähnlich wie im Brennpunkt einer Lupe, die der Sonne ausgesetzt ist, die Licht- und Wärmeenergie der Sonne so konzentriert ist, daß Papier oder Stroh sich sofort entzündet und in Flammen aufgeht.

Im Einklang mit dem Göttlichen durch den Ton

Der Urklang der Schöpfung wird in Indien und Tibet durch die Silbe „Om" symbolisiert. Om ist die heiligste Silbe in dieser östlichen Liturgie. Dort nennt man die Liturgie *„Mantrik"*. Die indische Tradition ist vom Glauben beseelt, daß die Welt Klang sei. *„Nada Brahma"* – die Welt ist Klang – heißt das Zauberwort.

Abb. VII/1

Das erste Lokalverbot (Gartenwirtschaft »Zum Paradies«) wegen Drogenmißbrauchs und unzüchtigen Verhaltens. Noch heute wird Bewußtseinserweiterung mit Hilfe von Gottes Pflanzen bestraft. Augenfällig ist die Parallelität zum Mittelalter, die damals praktizierte Verfolgung unerwünschter Schriften mit dem Ziele der Verhinderung erweiterten Bewußtseins ist als „Inquisition" historisch.

Gewiß gibt es auch in Europa Weise und Gelehrte, die erfühlten, daß dem so ist; so zum Beispiel *Kepler*, der in seiner „*Weltharmonik*" in fünf Bänden [2] dieser Erkenntnis Rechnung trug, oder *Hans Kayser*, der große Schweizer Harmoniker, der in seinem Werk „*Vom Klang der Welt*" [3] viele Belege für die harmonikale Struktur unserer Welt zusammengetragen hat. „*Om*" heißt eigentlich genau das Gleiche wie „*Amen*". Ins Deutsche übertragen bedeutet das soviel wie: So ist es.

Der Gott der Juden, der Christen und der Moslems spricht und erläßt Gesetze und Verbote...

Der Gott der Abendländer ist ja bekanntlich im Morgenland beheimatet. Dort übergab er Moses die Zehn Gebote, dort lebte und predigte sein „eingeborener Sohn" Jesus. Dieser Gott aus dem vorderen Orient, dessen Gesetze zuerst den östlichen Mittelmeerraum, und später den ganzen Okzident prägten, ließ sich von den Engeln und den Menschen lobpreisen – ihm zu Ehren wurden die Psalmen gedichtet und gesungen. Er selbst hingegen, wie schon erwähnt, sprach nur, zumeist wie ein Staatsanwalt, denn er pflegte zu sagen: „*Du sollst...*„ oder „*Du sollst nicht...*" Er erließ Gebote, Verbote und Gesetze und drohte denen mit allerlei Maßnahmen – wie Hölle und Verdammnis – die ihm nicht folgen wollten.

...während die Götter der Inder tanzten und musizierten

Shiva ist der Erbauer und Zerstörer aller Welten, er ist der kosmische Tänzer und gilt als Erfinder der Vina, eines wohlklingenden Saiteninstrumentes. Krishna wird immer mit einer Flöte dargestellt. Die indischen Götter stimmten sich in den kosmischen Reigen ein. So sind die Höhepunkte der indischen religiösen Feste durch Tanz und Musik geprägt, ganz im Gegensatz europäischer Gottesdienste, wo zumeist eine lange Predigt (Moralpredigt) den Hauptteil der Zeremonie ausmacht.

Kapitel VII Vom fernen Osten und dem Mittelmeerraum

Abb. VII/2

Der tanzende Gott Shiva
Bronzestatue aus Südindien, 10. Jahrhundert n. Chr.

KAPITEL VIII

DIE URSCHWINGUNG DES ERDENJAHRES

Brahman und Atman

Dieses Kapitel handelt vom Jahreston „Cis", der entspannend und beruhigend wirkt. Das Urmantra der Inder, das „Om" wird seit alters her auf der Tonhöhe des Jahrestones intoniert.

Grundlage der indischen Weltanschauung ist, daß die ganze Welt und all ihre Erscheinungen als Entfaltungen einer Urseele „*Brahman*" betrachtet werden.

„Unbegreiflich ist diese allerhöchste Seele, ohne Grenzen, ungeboren, dem Verstand unzugänglich, undenkbar."

(Maitiri Upanischade, 6.17) [1]

Die Vielheit der Dinge ist nur Trug – „*Maja*". Das einzig Wirkliche ist ein inneres Selbst in jedem Ding, ihr Wesenskern „*Atman*". Diese Einzelseele Atman ist mit dem unveränderlichen Brahman identisch.

Die Seele wandert durch Welten und Schicksale, ihr Lauf wird bestimmt durch die nachwirkenden Kräfte guter und schlechter Taten. Aus diesem Kreislauf der Wiedergeburten gilt es Erlösung zu finden.

Der Egoismus ist in der indischen Religionsphilosophie nur ein Zustand selbstsüchtiger Verblendung, der einen von der Wirklichkeit fernhält. So versucht diese auch nicht die Kontrolle der körperlichen Triebe durch den bewußten Willen zu propagieren, sondern sieht in der Sinnenfreude einen Weg zur Erleuchtung:

Kapitel VIII   Die Urschwingung des Erdenjahres

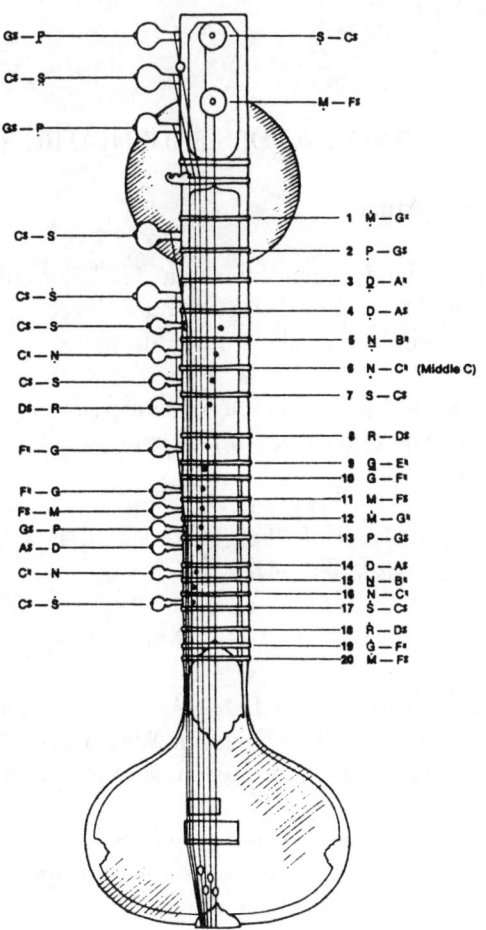

Abb. VIII/1

Die Sitar ist das traditionsreichste Saiteninstrument in Indien. Sie ist auf die 32. Oktave des Erdenjahres, das Sadja (Cis), eingestimmt.

Kapitel VIII Die Urschwingung des Erdenjahres

„Wie ein von einer liebenden Frau umfangener Mann kein Bewußtsein von draußen oder drinnen hat, so hat dieser in dem Körper wohnende Atman, von dem erkennenden Atman umfangen, kein Bewußtsein von draußen oder drinnen."

Brihad-Aranyaka-Upanischade, 4.3.21 [2]

Indische Tempelmusik ist kosmisch gestimmt

Die Ursilbe – oder besser, der Urklang – „Om" wird auf der Tonstufe Cis gesungen. *Ravi Shankar*, der wohl derzeit bekannteste Sitarspieler, schreibt in seinem Buch „*My Music, My Life*" [3], daß der Grundton der indischen Musik, das „*Sadja*", stets etwas tiefer als das europäische Cis eingestimmt wird. Sadja heißt soviel wie: Vater der andern. Sadja, kurz auch Sa genannt, ist der Grundton, auf den die Sitar, die Vina und die Tambura eingestimmt werden, wie auch zahlreiche Glocken und Perkussionsinstrumente.

In der Wahl der Tonhöhe dieses Grundtones liegt ein großes, bis vor kurzem kaum faßbares Geheimnis. Denn bis vor wenigen Jahren war die Wahl eines Kammertones, zumindest in der sogenannten ersten Welt, dem Westen, absolut willkürlich und wurde einfach von einem selbsternannten Gremium festgelegt (wie zum Beispiel der Normton von 440 Hertz). Der Grundton der Inder ist hingegen sehr genau im Einklang mit der Natur. Er entspricht dem 32. Oktavton des Erdenjahres und ist somit eine natürliche akustische Hochpotenz unseres Planeten.

Seit der Anwendung des Oktavgesetzes auf periodische Vorgänge, die außerhalb des normalen menschlichen Wahrnehmungsbereiches liegen, ist es möglich, planetarische Zyklen hörbar zu machen, wie auch viele andere Erscheinungen in der Natur. Es ist somit heute nachweisbar – ja rational zu beweisen – was es bedeutet, wenn jemand sagt: „Die Welt ist Klang" und „in ihm resoniere der Kosmos".

Abb. VIII/2

Das „Om" über dem Unendlichkeitszeichen.
Das heilige Om ist die Urschwingung der Inder und wird auf „Cis",
den Jahreston der Erde, eingestimmt. Das Om ist der immerwährende
Ton, darum steht es in diesem Symbol über der flachliegenden Acht,
dem Unendlichkeitszeichen.

Kapitel VIII   Die Urschwingung des Erdenjahres

Die mathematische Grundlage der heiligen Silbe „Om"

Die Berechnung eines planetarischen Grundtones ist sehr einfach und setzt eigentlich nur Grundschulmathematik voraus. So errechnet man den Jahreston der Erde, also den Grundton der Inder, aus der Umlaufzeit der Erde um die Sonne. Ein Jahr (genauer: Ein tropisches Jahr) dauert 365,242198 Tage oder genau 31 556 925,9747 Sekunden. Das ist die Periodendauer eines Jahres.

Die Frequenz entspricht dem Kehrwert, denn Zeit und Frequenz verhalten sich umgekehrt proportional zueinander. Taschenrechner haben für diese Berechnung, wie schon bei der Erläuterung des Tagestones erwähnt, eine spezielle Taste, die mit (1/X) gekennzeichnet ist. Tippt man nun die Sekundenzahl des Jahres in den Taschenrechner ein, drückt dann die Taste (1/X), dann hat man schon die Originalfrequenz des Erdenjahres in Hertz (Schwingungen pro Sekunde) in der Anzeige stehen:

$$31\ 556\ 925{,}9747\ (1/X) = 0{,}000\ 000\ 031\ 688\ 764\ 6$$

Nun muß man diesen Wert nur noch 32 Mal mit der Zahl 2 multiplizieren, das heißt 32 Mal die Grundfrequenz verdoppeln, oder anders ausgedrückt: 32 Mal oktavieren, und schon hat man die Frequenz des indischen Grundtones Sadja in der Anzeige: 136,10 Hertz.

Einstimmung in den Erdenklang

Dem Stimmen vor einem Konzert wird in Indien weit mehr Bedeutung beigemessen als in Europa. Vor dem Konzert wird die sogenannte „Alapa" gespielt. Die Alapa ist ein musikalisches Vorspiel, bei dem die Instrumente immer und immer wieder nachgestimmt werden, bis sie die optimale Resonanz haben. Die Sitar ist zum Beispiel ein Saiteninstrument mit zumeist sieben Spielsaiten (3 davon sind auf

Kapitel VIII   Die Urschwingung des Erdenjahres

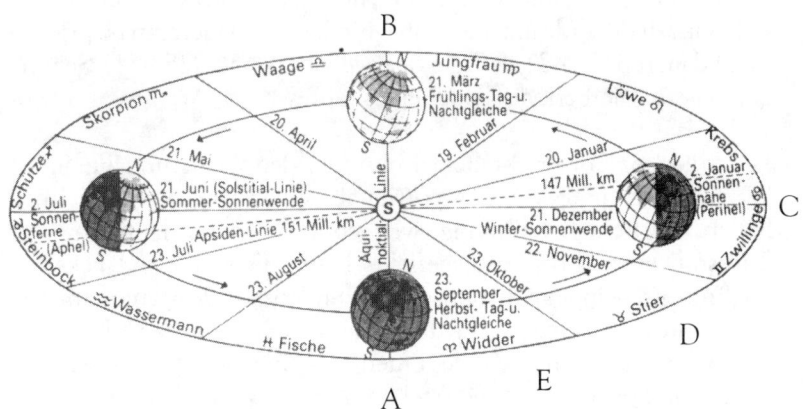

Abb. VIII/3

Zu Frühlingsanfang steht die Sonne bei 0 Grad Widder (Punkt A). Nach einem Jahr steht die Sonne wieder am gleichen Punkt. Nach einem halben Jahr steht die Sonne bei 0 Grad Waage (Punkt B). Dies ist bei Herbstanfang der Fall und entspricht der ersten Oktave des Jahres. Zu Sommeranfang steht die Sonne bei 0 Grad Krebs (Punkt C), das ist nach einem Vierteljahr der Fall und entspricht der zweiten Oktave. Nach einem Achteljahr steht die Sonne bei 15 Grad im Stier (Punkt D) und nach einem Sechzehnteljahr steht die Sonne bei 22,5 Grad im Widder (Punkt E). Die Punkte D und E entsprechen der dritten und vierten Oktave des Jahres.

Kapitel VIII   Die Urschwingung des Erdenjahres

Cis gestimmt) und einem guten Dutzend Resonanzsaiten. Die Sitar wird durch Zupfen mit einem aus Eisen- oder Silberdraht gefertigten Fingerhut zum Erklingen gebracht. Die Sitar ist das wohl am meisten verbreitete Saiteninstrument in Indien und hat dort eine kulturelle Stellung wie hierzulande die Geige.

Je genauer die Sitar gestimmt ist, desto lauter kommen die Obertöne zum Erklingen und desto voller wird der Klang des Instrumentes. Eine gut gestimmte Sitar beginnt beim Anzupfen einer einzigen Saite richtig zu singen, es ist so, als ob der ganze Klangkosmos in ihr zu resonieren beginnt. Das musikalische Vorspiel, die Alapa, dient jedoch eigentlich nicht nur dazu, die Instrumente zu stimmen, sondern auch dazu, die Musiker und die Zuhörer auf den Grundton Sadja – den Vater der andern – einzustimmen. Da dieser Grundton genau im Einklang mit dem Lauf der Erde um die Sonne ist, sind Spieler und Zuhörer automatisch auch im Einklang mit „dem Lauf der Dinge".

Pflanzenwachstum und Musik

Es gibt eine ganze Reihe von Untersuchungen über das Verhalten von Pflanzen unter dem Einfluß von Musik. Dabei wurde verschiedentlich festgestellt, daß Pflanzen bei indischer Meditationsmusik besser wachsen als zum Beispiel bei Rock-Musik. Daraus wurde dann von einige Forschern (und Autoren) vorschnell eine Schlußfolgerung gezogen, die beweisen sollte, daß Rock-Musik gesundheitsschädlich sein soll. Bei diesen Untersuchungen wurde aber die Wahl des Grundtones der Musik nicht berücksichtigt. Es ist nämlich nicht die Art der Musik, die förderlich oder schädlich für das Pflanzenwachstum ist, sondern die Tonhöhe, auf der die Musik basiert.

An einem Baumstumpf kann man gut sehen, daß der Jahreston der Erde mit dem Pflanzenwachstum eine enge Beziehung hat. Die Jahresringe des Baumes – jedes Jahr bildet der Baum einen neuen

Ring – sind das Abbild des Grundtones, von dem das „Om" und das Sadja abgeleitet werden. Dieser Ton ist darum sehr irdisch und steht auch für die vier Jahreszeiten Frühling, Sommer, Herbst und Winter.

Vor vielen Jahren hat Cousto Geranien in Blumentöpfen auf einer Fensterbank an der Nordseite seiner Wohnung abgestellt. Im Winter hat er dann einigen dieser Geranien jeden Tag beim Gießen die Schwingung des Jahrestones zukommen lassen, indem er die Blumentöpfe mit einer Stimmgabel, die auf 136,10 Hertz eingestimmt war, in Schwingung versetzte. Es passierte etwas ganz erstaunliches: Die Geranien, die jeden Tag eine Dosis „Om" mittels Stimmgabel bekommen haben, begannen im Januar kräftig zu blühen, die anderen Geranien, denen er diese Schwingung vorenthielt, verhielten sich ganz „normal", zeigten einen winterlich stationären Zustand und bildeten weder neue Blätter noch Blüten.

Die Funktion des Nervensystems wird im Rhythmus des Jahrestones „Om" gesteuert

Nervenzellen sind die Bausteine des Gehirns, des zentralen Steuerungsorgans hochentwickelter Lebewesen, und der Nervenbahnen, die für die Weiterleitung von Informationen zuständig sind. Das menschliche Gehirn besteht aus etwa 100 Milliarden Nervenzellen. Das sind etwa soviel Zellen, wie es Sterne in unserer Milchstraße gibt.

Wichtig für das Zustandekommen der Nervensignale ist der Gehalt an Natrium- und Kalium-Ionen in der Flüssigkeit innerhalb und außerhalb einer Nervenzelle. Ein Natrium-Ion ist ein Natrium-Atom, das ein negativ geladenes Elektron abgegeben hat und infolgedessen selbst eine positive elektrische Ladung trägt. Gleiches gilt für ein Kalium-Ion.

Die Zellmembran – das ist so etwas wie die Haut der Zelle – trennt das Zellinnere vom Zelläußeren. Innen und außen sind die Konzentratio-

Kapitel VIII	Die Urschwingung des Erdenjahres

nen an Natrium- und Kalium-Ionen sehr unterschiedlich. Dadurch hat die Nervenzelle an der Innenseite der Membran einen Überschuß an negativer Ladung, an der Außenseite einen Überschuß an positiver Ladung. Zwischen den beiden Seiten der Membran entsteht auf diese Weise ein elektrisches Feld, das sogenannte Membranpotential. Es hat im Ruhezustand etwa die Spannung von 70 Millivolt. Das ist die normale „Betriebsspannung" des Menschen.

Um diese Spannung zu steuern, muß der Mengenanteil an Kalium- und Natrium-Ionen stets sehr genau reguliert werden, da sonst die Spannung zu stark schwanken würde. Dadurch wäre die Signalübertragung nicht mehr gewährleistet, da diese mittels Potentialveränderung erfolgt. Die Regulation der Kalium- und Natrium-Anteile beidseitig der Zellmembran erfolgt durch sogenannte Ionen-pumpen (auch Natriumpumpen genannt).

Die meisten Nervenzellen besitzen pro Quadratmikrometer (ein Mikrometer ist ein Tausendstel Millimeter) Membranoberfläche zwischen hundert und zweihundert Natriumpumpen, doch kann dieser Wert an einigen Stellen wesentlich größer sein und das Zehnfache erreichen.

Eine solche Pumpe besteht aus mehreren Proteinmolekülen und fördert drei Natrium-Ionen aus der Zelle hinaus, während sie zwei Kalium-Ionen in sie hineinbringt. Bei ausgelastetem „Normalbetrieb" wird alle 136-stel Sekunde ein Kalium-Ion in die Zelle geschleust und etwa jede 200-stel Sekunde ein Natrium-Ion aus der Zelle hinaus befördert [4].

Die Pumpfrequenz ist genauso gestimmt, wie die indische Sitar. Der Kaliumfluß ist in so einer Pumpe auf Cis mit 136 Hertz, der 32. Oktave des Erdenjahres, gestimmt, der Natriumfluß entspricht dann der Quinte, dem Gis mit 204 Hertz. In der indischen Musik wird dieser Ton „Pa" (Panchama, der Fünfte) genannt und ist nach dem Sadja der zweitwichtigste Ton.

Die seelisch entspannende Wirkung des „Om" hat biologische Ursachen

Da der Kalium-Natrium-Haushalt wesentlich für das menschliche Wohlbefinden ist, und das Funktionieren des Nervensystems direkt davon abhängig ist, scheint somit die Einwirkung des Jahrestones ein bedeutender Faktor für das psychosomatische Gleichgewicht zu sein. Setzt man sich für längere Zeit der Schwingung des Jahrestones Cis aus, dann beeinflußt diese Frequenz direkt die Nervenfunktion und stabilisiert sie. Besonders nervöse Menschen können durch diesen Ton ihr persönliches Gleichgewicht wieder erlangen und ihre innere Ruhe wieder finden.

Das morphogenetische Feld des „Om"

Gedankenkraft baut ein energetisches Feld auf. Dies gilt noch mehr für gemeinsames Singen und Musizieren. Wenn viele Menschen sich auf den gleichen Ton einstimmen, das gleiche Ritual zelebrieren, dann entsteht ein großes morphogenetisches Feld. Dieses Feld ist eine Art Energiereservoir, von dem jene zehren können, die sich auf die Schwingung eines solchen Reservoirs einstimmen. Aus diesem Phänomen resultiert die magische Kraft, die sich bei gesungenen rituellen Zeremonien entfaltet.

Der amerikanische Psychiater *John C. Lilly* nennt diese Kraftfelder ECCO (Earth Coincidence Control Office) [5]. John Lilly meint, gute Ideen zu haben bedeute nichts anderes, als sich auf den richtigen ECCO-Kanal einzustimmen.

Beginnt man nun, sich auf den Jahreston der Erde, dem Cis mit 136 Hertz, einzustimmen und auf diesen Ton zu meditieren, dann gelangt man nicht nur in den kosmischen Einklang und zur inneren Ruhe, sondern zusätzlich in das morphogenetische Feld all jener, die ebenfalls auf diesen Ton meditieren. In Nordindien gibt es tibetische Tempel,

Kapitel VIII   *Die Urschwingung des Erdenjahres*

in denen Mönche und tibetische Lamas diesen Ton rund um die Uhr, Tag und Nacht, singen, wobei dieser Gesang sehr obertonreich ist und ein außergewöhnliches Wohlbefinden auslöst; dieses Singen ist nicht nur eine Lobpreisung der Schöpfung und insbesondere unserer Erde, sondern auch eine wunderbare innere Kopfmassage, die zur Folge hat, daß das Gehirn besser durchblutet wird und somit die Wahrnehmung intensiver und das Bewußtsein wacher wird.

Der Jahreston wirkt auf das Herzchakra

Der Jahreston Cis hat seine Hauptresonanz im 4. Chakra, dem Herzchakra, auch allgemein *Anahata* genannt. Die Untersuchungen des japanischen Shintopriesters, Arztes und Raja Yoga Fachmannns *Dr. Motoyama* beschreiben dieses Energiezentrum als Pforte zum astralen Körper, also zur Seele [6]:

„Das anahata-(Herz-) Chakra, das am Brustbein seinen Sitz hat, regelt die Funktionen des Herzens und des Kreislaufsystems... Dieses Zentrum ist das erste, das wirklich den Namen spirituelles Zentrum verdient, allerdings wenn es hoch entwickelt ist; es hat Verbindungen zu Formen des Bewußtseins, das die sinnesabhängigen Unterscheidungen und die daraus folgenden egoistischen Begierden transzendiert – und daher steht es direkt mit der universellen Liebe, mit einem von Interessen freien Mitgefühl in Verbindung. Die Erweckung des anahata Chakra vermittelt das Gefühl einer großen Gefühlserweiterung. Ein Gefühl, man bewege sich hinter die enge Schale des kleinen Selbst. Höhere geistige Fähigkeiten beginnen ins Spiel zu kommen. Es kommt zu einem intuitiven Verstehen der wirklichen Beziehungen zwischen den anscheinend verschiedenen Naturelementen, wobei intuitive Fortschritte erzielt werden, wie man sie bei dem künstlerischen oder Genius beobachtet."

Kapitel VIII | Die Urschwingung des Erdenjahres

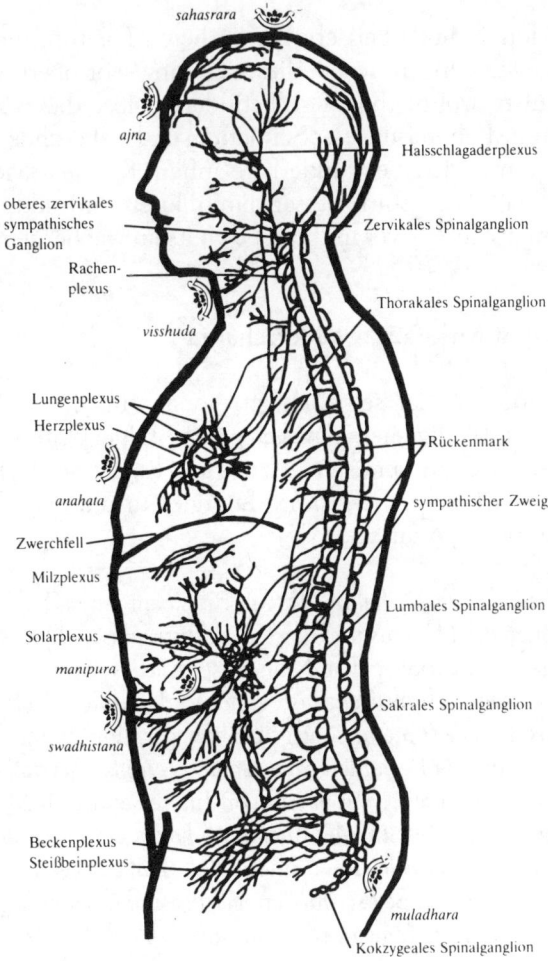

Abb. VIII/4

Das Anahata-Chakra
Das Herzchakra liegt in Höhe des 5. Rückenwirbels und hat seinen Sitz zwischen diesem und dem Brustbein. Es regelt die Funktionen des Herz- und Kreislaufsystems.

KAPITEL IX

DIE URSCHWINGUNG DES PLATONISCHEN JAHRES

Astronomische Grundlage

Tag und Jahr sind zwei Grundrhythmen unseres Planeten, die jeder durch einfache Beobachtung wahrnimmt und spürt, doch es gibt eine weitere periodische Schwingung, die zwar seit der Antike – vielleicht auch schon länger – bekannt ist, die jedoch von nur wenigen Menschen beobachtet wird. Es handelt sich hierbei um die Kreiselbewegung der Erdachse. In knapp 26 000 Jahren vollzieht die Achse, die Nord- und Südpol miteinander verbindet und um die der Planet rotiert, eine vollständige Kreiselbewegung, die entgegengesetzt zur Drehrichtung der Erde und der Planeten verläuft.

Diese Kreiselbewegung entsteht durch die Wechselwirkung der gegenseitigen Anziehungskräfte von Sonne, Mond und Erde und wird auch „Platonisches Jahr" genannt. Die alten Griechen bezifferten die Dauer des Platonischen Jahres auf 25 920 Jahre. In modernen astronomischen Jahrbüchern wird ein etwas kürzerer Wert angegeben. Dieser liegt zwischen 25 780 und 25 790 Jahren. Diese Änderung des Wertes liegt nicht an einer eventuellen ungenauen Beobachtung der alten Griechen, sondern an gewissen Schwankungen im Tempo des Fortschreitens der Kreiselbewegung. Die Geschwindigkeit ist nämlich abhängig von der Schiefe der Ekliptik, derzeit etwas über 23 Grad. Wird dieser Winkel etwas größer, dann verlangsamt sich das Tempo der Kreiselbewegung, wird er jedoch kleiner, wie das derzeit der Fall ist, dann beschleunigt sich das Tempo.

Der historische Wert von 25 920 Jahren entspricht jedoch etwa dem Durchschnitt und kann als langfristiges Mittel angesehen werden.

Kapitel IX Die Urschwingung des platonischen Jahres

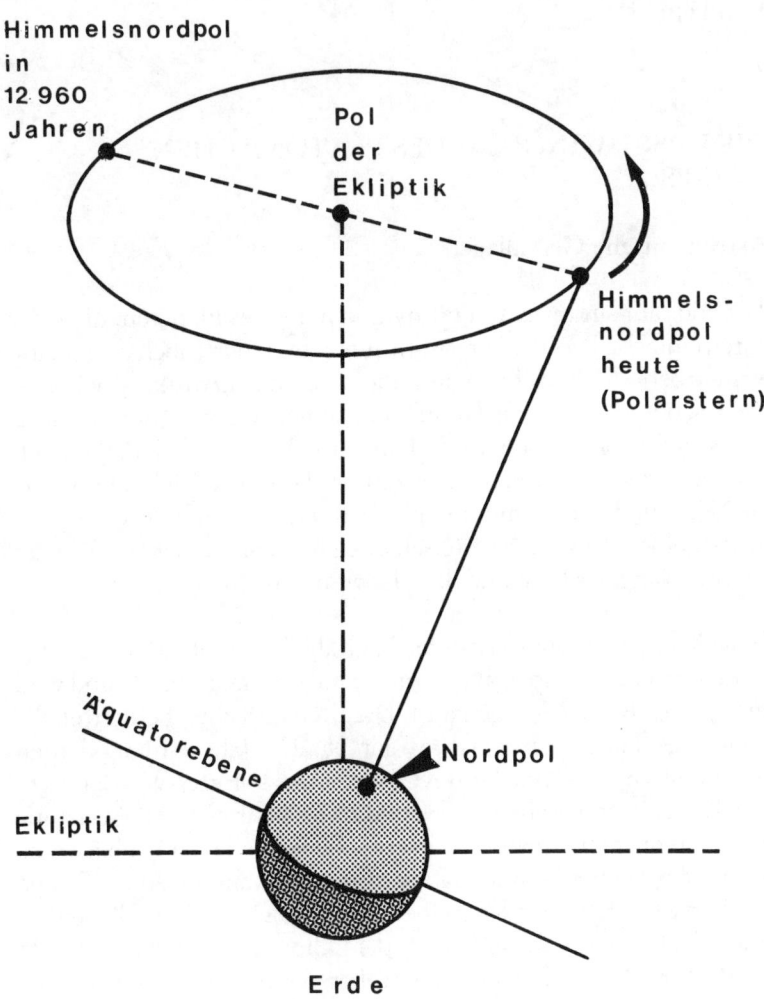

Abb. IX/1

Die Kreiselbewegung der Erdachse läßt den Rhythmus des Platonischen Jahres entstehen.

Kapitel IX   Die Urschwingung des platonischen Jahres

Das Wassermannzeitalter

Die Kreiselbewegung der Erdachse, auch Präzessionsbewegung genannt, hat zur Folge, daß die Position der Sonne am Frühlingsanfang sich in etwa 72 Jahren um einen Bogengrad am Fixsternhimmel verschiebt. Daraus resultiert die sukzessive Verschiebung der zwölf Sternbilder am Himmel, die sich rückläufig am Tierkreis vollzieht. Durchschnittlich beginnt alle 2160 Jahren ein neues Zeitalter. Da derzeit der Frühlingspunkt (Sonnenstand bei Frühlingsanfang) vom Sternbild Fische in den Wassermann wandert, spricht man vom Beginn des Wassermannzeitalters. Vor gut 2000 Jahren begann das Fischezeitalter.

Die Bewegung von Himmel und Erde im alten China

In keiner Weltanschauung ist der Gedanke des ewigen Kreislaufes stärker ausgeprägt als im klassischen chinesischen Taoismus. Das „Tao" oder der „Sinn" ist ohne Maß in Raum und Zeit, unendlich weit und ewig. Das „Tao" ist der Weg des kosmischen Ordnungsprinzips, das allen Dingen zugrundeliegt. Sein Wesen ist der Drang zum stetigen Wandel.

Am besten charakterisieren diesen Prozeß die beiden alten chinesischen Symbole „Ho T'u" (der ewige schöpferische Strom und die unendliche Manifestation) und „T' ai Chi" (zyklisches Prinzip des Menschen zwischen Himmel und Erde). Beide Symbole unterscheiden sich in einem ganz wesentlichen Punkt von klassischen europäischen Sinnbildern, wie zum Beispiel dem Kreuz. Die altchinesischen Symbole sind radialsymmetrisch und nicht, wie die europäischen, liniensymmetrisch.

Radialsymmetrisch bedeutet, daß die Symmetrie durch Drehung des Symbols um seinen Mittelpunkt festgelegt wird, wobei für diese beiden Symbole eine Drehung von genau 180 Grad notwendig ist, um

Kapitel IX Die Urschwingung des platonischen Jahres

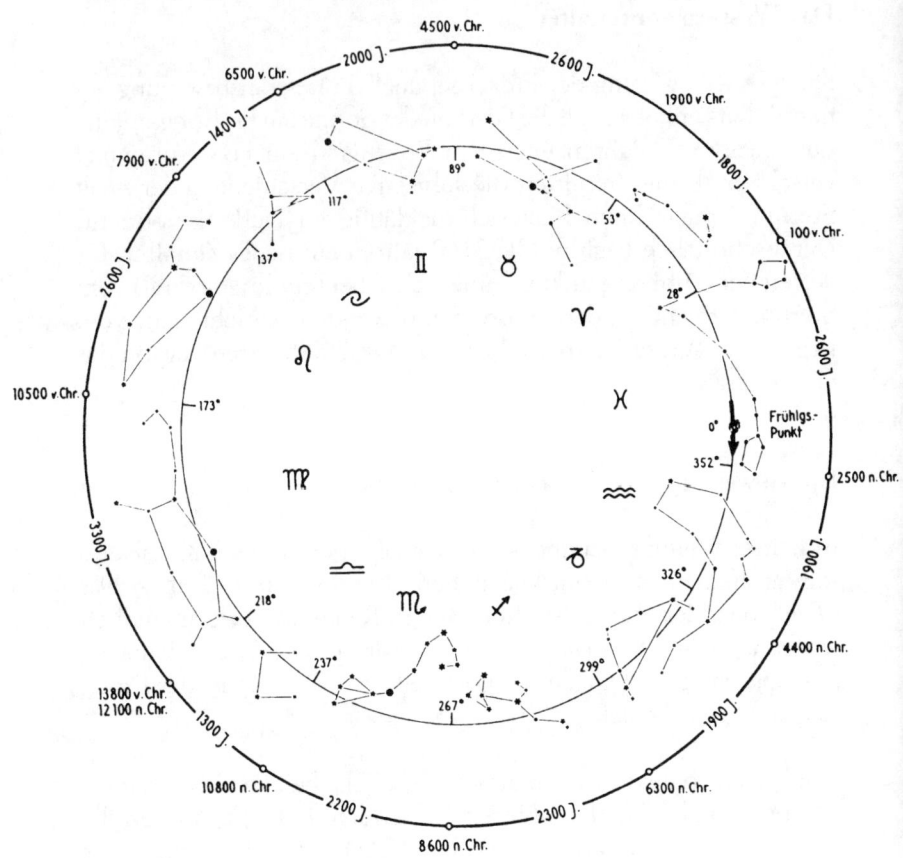

Abb. IX/2

Die Wanderung des Frühlingspunktes
Die Gradzahlen am inneren Kreis und die Jahreszahlen am äußeren Kreis geben den Übergang des Frühlingspunktes und einem Sternbild in das nächste an, die Zahlen im äußeren Kreis die Dauer der Durchwanderung des jeweiligen Sternbildes. Die Jahreszahlen sind approximativ zu nehmen.

die beiden Symbolteile deckungsgleich übereinanderzulegen. Im Gegensatz dazu definiert man eine liniensymmetrische Figur dadurch, daß sie an einer durch das Symbol gelegten Linie gespiegelt werden kann. An diesem wesentlichen Unterschied kann man deutlich sehen, daß in der alten chinesischen Weltanschauung dem zyklischen Wandlungsprozeß weit mehr Bedeutung beigemessen wurde, als dem linearen Denken.

Nicht nur das Kreuz, sondern auch nahezu alle Rosetten, die in Form von Kirchenfenstern ausgestaltet wurden, sind linearsymmetrische Figuren, wobei die Rosetten viele Symmetrieachsen aufweisen. Eine Rosette hat einen Mittelpunkt und eine klar definierte Anzahl von Achsen. Sie ist somit deutlich ein Abbild der Organisations- und Denkstruktur der abendländischen Kirche. Zentralismus und Achsenverbindungen prägen die religiöse, politische und kulturelle Entwicklung westlich vom Ural bis zum Stillen Ozean.

Ho T'u – Der schöpferische Strom

Das Zentrum des Symbols „Ho T'u" ist leer, ein weißer Kreis. Dieser heißt „Wu". Diese Silbe steht für das Begreifen des wahren Unendlichen. Es geht ausschließlich darum, zu wissen, daß die Welt der Manifestationen die Gesamtheit der Phänomene umfaßt, die in Raum und Zeit ablaufen, während das Unendliche nur vorstellbar ist von dem Punkt oder dem Moment an, wo es keinen Raum und keine Zeit mehr gibt: Kurz, außerhalb jeglicher Manifestation [1].

„Ho" ist das ewige schöpferische Fließen, der unendliche Energiefluß. „T'u" ist die völlig geschlossene Umzäunung, die Manifestation, die ihren raum-zeitlichen Rahmen nicht verlassen kann. Darum ist „Ho T'u" der ewige schöpferische Strom aus dem sich die unendliche Manifestation in all ihrer Vielfalt darstellt. „Ho T'u" ist ein kosmisches, dem Menschen übergeordnetes Zeichen.

Kapitel IX   Die Urschwingung des platonischen Jahres

Abb. IX/3

Ho T'u – Der schöpferische Strom
„*Ho*" ist das ewige schöpferische Fließen, der unendliche Energiefluß.
„*T'u*" ist die völlig geschlossene Umzäunung, die Manifestation, die ihren raum-zeitlichen Rahmen nicht verlassen kann. Darum ist „*Ho T'u*" der ewige schöpferische Strom aus dem sich die unendliche Manifestation in all ihrer Vielfalt darstellt. „*Ho T'u*" ist ein kosmisches, dem Menschen übergeordnetes Zeichen.
Das Zentrum des Symbols „*Ho T'u*" ist leer, ein weißer Kreis. Dieser heißt „*Wu*". Diese Silbe steht für das Begreifen des wahren Unendlichen.

Kapitel IX	Die Urschwingung des platonischen Jahres

T'ai Chi – Das höchste Prinzip

Das Symbol des „T'ai Chi" kommt dem „Ho T'u" sehr nahe. Das Bild des „T'ai Chi" wird auch häufig „Yin-Yang-Symbol" genannt. Es ist nicht nur rotationssymmetrisch, wie das „Ho T'u", sondern auch absolut punktsymmetrisch. Spiegelt man einen beliebigen Punkt aus dem Symbol, dann erscheint er in der Komplementärfarbe im Bild. Komplementär versteht sich hier nicht, wie es die Farbenlehre darstellt, sondern es ist einfach die zweite Farbe gemeint, die das Symbol beinhaltet. Zumeist wurden die beiden Symbole in Schwarz und Weiß, respektive in Blau und Rot dargestellt.

Im „Ho T'u" ist die Mitte Weiß, im ganzen Symbol überwiegt die Farbe Weiß. Im „T'ai Chi" sind die Farbanteile (Schwarz und Weiß) genau gleich groß. Das zyklische Prinzip erscheint darum im „T'ai Chi" viel stärker, als im „Ho T'u". Es spiegelt die zyklisch verlaufenden himmlischen Rhythmen wieder, die von der Erde aus am Firmament beobachtet werden können und die alles Leben auf dieser Erde beeinflussen. Es ist das Symbol des kosmischen „Perpetuum mobile".

Der Kreislauf muß sich ewig fortsetzen, denn an jedem Kreispunkt gibt es ein Spannungsgefälle. Durch das ständige Drängen zur Vereinigung in der Symmetrie erzeugen sie sich immer wieder neu. Das wird durch den Sinn bewirkt, ohne daß er dabei irgendwie in Erscheinung tritt.

„T'ai" repräsentiert das Höchste, die vollkommene Freiheit. „Chi" ist das Prinzip. Da das Prinzip der chinesischen Weltanschauung der Wandel ist, bedeutet „Chi" sogleich auch der Energiestrom, das Fließen der Lebensenergie.

So symbolisiert „T'ai Chi" das zyklische Prinzip des Menschen zwischen Himmel und Erde. Es wechselt sich ab zwischen dem Dunklen und dem Lichten. So kann man im Buch der Wandlungen, dem „I Ging" nachlesen [2]:

Kapitel IX   Die Urschwingung des platonischen Jahres

Abb. IX/4

„T'ai Chi" – Das höchste Prinzip
„*T'ai*" repräsentiert das Höchste, die vollkommene Freiheit. „*Chi*" ist das Prinzip. Da das Prinzip der chinesischen Weltanschauung der Wandel ist, bedeutet „*Chi*" sogleich auch der Energiestrom, das Fließen der Lebensenergie. So symbolisiert „*T'ai Chi*" das zyklische Prinzip des Menschen zwischen Himmel und Erde.

Kapitel IX   Die Urschwingung des platonischen Jahres

„*Was einmal das Dunkle und einmal das Lichte hervortreten läßt, das ist der Sinn.*"

Für viele Menschen wird an dieser Stelle die Erkenntnis durch die Sprache eingeschränkt, da der Verstand partout nicht einsehen will, wie Gegensätze sich bedingen und erschaffen. Dies ist jedoch das Leitmotiv der chinesischen Philosophie.

Das *Yin* (das Empfangende, das Weibliche) bedingt das *Yang* (das Schöpferische, das Männliche). Das ist eben der Lauf der Dinge, der Weg, das Tao. Man kann es nicht begründen, man kann es nicht begreifen, man kann nur feststellen, das es so ist.

So ist es sicherlich kein Zufall, daß das „Tao Te King" mit den folgenden Worten beginnt (nach der Übersetzung von Richard Wilhelm) [3]:

„*Der SINN, der sich aussprechen läßt, ist nicht der ewige Sinn.*"

Walter Jerven überträgt diese Zeilen ins Deutsche wie folgt [4]:

„*Das Wesen / das begriffen werden kann /
Ist nicht das Wesen des Unbegreiflichen.*"

Das Platonische Jahr im alten China

Sollen es die Zweifler Zufall nennen: Der berechnete „*Ton des Platonischen Jahres*" stimmt mit dem Grundton der chinesischen Musik überein. Allerdings waren die alten Chinesen hervorragende Astronomen, und aus ihren Überlieferungen geht hervor, daß sie das Platonische Jahr berechnet haben. Dann gibt es keinen Grund zur Verwunderung, wenn einer ihrer größten Philosophen, nämlich *Laotse* sagt [5]:

Abb. IX/5

Laotse. Steinabreibung aus der T' ang-Zeit.

Kapitel IX　　　　　　　　Die Urschwingung des platonischen Jahres

„Groß, das heißt immer bewegt.
Immer bewegt, das heißt ferne.
Ferne, das heißt zurückkehrend."

Und an anderer Stelle im „Tao Te King" [6]:

„Rückkehr ist die Bewegung des SINNS."

Hier liegt der Schluß nahe, daß die chinesischen Weisen und Denker ihre Weltanschauung auf dem weitesten Zyklus, dem des Platonischen Jahres gegründet haben, denn das Platonische Jahre ist der längste, der weiteste, der drei Grundrhythmen der Erde. Besondere Beachtung verdient hierbei die Tatsache, daß der Frühlingspunkt rückläufig durch den Tierkreis geht! Darum heißt es „Ferne, das heißt zurückkehrend" und „Rückkehr ist die Bewegung des Sinns".

Als zweites Argument sollte gelten, daß das Platonische Jahr als die längste der klassischen Perioden, alle anderen archaischen beobachtbaren Rhythmen der Natur einschließt und natürlich auch die des Tages und des Jahres beinhaltet. Der Weise erkennt diese Strukturen und richtet sein Handeln danach aus. Damit wird er eins mit dem Lauf der Dinge, dem Tao, und lebt in Harmonie mit den naturgegebenen Gesetzmäßigkeiten und hat somit keinen Widerstand in seinem Tun zu befürchten. Er hat Erfolg mit allem, was er unternimmt. Dies beschreibt Huai Nan-Tzu, ein Philosoph aus dem zweiten Jahrhundert v. Chr. mit dem Satz [7]:

„Wer mit dem Lauf des Tao übereinstimmt und den natürlichen Vorgängen des Himmels und der Erde folgt, findet es leicht, die Welt zu lenken."

Der Ton des Platonischen Jahres

Die akustische Frequenz des Platonischen Jahres wird nach dem gleichen Prinzip gefunden, wie diejenige des Tages und des Jahres.

Man berechnet die Sekundenzahl der Dauer der Periode, bildet dann den Kehrwert und oktaviert. Dies führt in der 47. Oberoktave zu einer Frequenz von 172,06 Hertz. Dieser Ton ist ein „F" (das f in der kleinen Oktave). Die 46. Oktave führt zum F in der großen Oktave mit 86,03 Hertz und die 48. Oktave zum f' in der eingestrichenen Oktave mit 344,12 Hertz.

Das „f" in der kleinen Oktave wird im fünfzeiligen abendländischen Musiknotationssystem durch den Baßschlüssel angezeigt.

Im alten China wurde dieser Ton der „*Ton der gelben Glocke*" genannt. *Hoang Chung* besagt, daß diese Glocke, die den Grundton aller Musik des alten China zum Erklingen bringt, wenn sie angeschlagen wird, zwischen Himmel und Erde aufgehängt ist, da ihr Ton, das Fau, die Quelle der Energie ist, die die Verbindung aller himmlischen und irdischen Kräfte schafft.

Das klassische chinesische Saiteninstrument war seit alters her die Qin. Sie ist natürlich auf den Ton des Platonischen Jahres eingestimmt. Die Saiten sind aus Seidenfäden gefertigt, wobei die Zahl, der miteinander verdrehten Seidenfäden eine große Rolle spielte. Die Saite des Tones „f", dem Fau, besteht aus genau 81 Seidenfäden. Die 81 galt in der alten chinesischen Tradition als eine besonders vergeistigte Zahl. So hat das „*Tao Te King*" des *Laotse* 81 Abschnitte. Hier wird deutlich, mit welcher Präzision damals in China versucht wurde, die Prinzipien der Musik dem Wesen der Weisheit anzugleichen.

Geist und Schwingung

Das F ist der Ton des Geistes. Die Art und Weise, in der die Chinesen den Geist hervorhoben, steht sicherlich in direktem Zusammenhang mit der Wahl ihres Kammertones F, dem sie immer eine große Bedeutung beigemessen haben. In keinem Land war die Musik so bedeutend für das Geistesleben wie im alten China.

Kapitel IX	Die Urschwingung des platonischen Jahres

Eine kurze Passage aus dem *Buch der Sitten* des *Li Gi* mag das hier an dieser Stelle veranschaulichen [8]:

*„So muß man die Laute untersuchen,
um die Töne zu verstehen;*

*man muß die Töne untersuchen,
um die Musik zu verstehen;*

*man muß die Musik untersuchen,
um die Gebote zu verstehen.*

So wird der Weg zur Ordnung vollkommen...

*Wer die Musik versteht,
erreicht dadurch die Geheimnisse der Sitte.*

*Wer die Musik und die Sitte beide erlebt hat,
besitzt Leben.*

Leben zeigt sich im Erleben."

Der Ton F resoniert im Scheitelchakra, dem *Sahasrar-Chakra*. Dieses Chakra ist der höchste Punkt oder das obere Ende der Kundalini. Nach der hinduistischen und tibetischen Überlieferung ist dies der Punkt der kosmischen Einheit mit Gott, das Zentrum der göttlichen Eingebung und der supramentalen Intuition.

Dr. Motoyama ordnet dieses Chakra der geistigen Sphäre, dem „*Kausal-Körper*" zu. Er meint, daß die Erkenntnis, die durch die Erweckung des höchsten Chakra gewonnen wird, „*...das Verständnisvermögen des Sinnesabhängigen Intellekts und der damit verbundenen Fähigkeiten..."* übersteigt. „*Es handelt sich hier um eine Stufe, auf welcher ein wahres universelles Verständnis stattfindet, das die Mystiker für das letzte Ziel des menschlichen Abenteuers halten."* [9]

Der Ton des Platonischen Jahres ist das Tor zum geistigen Himmel

Eine Meditationsmusik, die auf diesen Ton eingestimmt ist, kann auf dem spirituellen Pfad sehr förderlich sein und führt einen jenseits der körperlichen und seelischen Regionen in die Sphären des Geistes.

Die Farbe des Platonischen Jahres ist Violett (genauer: Rot-Violett). Es ist bezeichnend, daß diese Farbe bei vielen kultischen Zeremonien verwendet wird – denn auch hier soll das Heitere und Klare im Geiste gefördert werden. Darum ergänzen sich diese Farbe und dieser Ton bestens, wenn man Rituale zum Öffnen des obersten Chakra und zur vollkommenen Vergeistigung veranstalten will. Der Ton des Platonischen Jahres ist das Tor zum geistigen Himmel und das Bindeglied zum Tao in seiner allerreinsten Form.

KAPITEL X

DIE GRUNDSCHWINGUNGEN DER ERDE

Rhythmus, Klang und Evolution

Der Mensch ist das Produkt einer langen biologischen Entwicklung. Seit vielen Millionen Jahren gibt es Leben auf dem Planeten Erde, und die Strukturen der Lebewesen wurden zusehends komplexer. Zu Beginn gab es kleine einzellige Wesen, nach heutiger allgemeiner Auffassung und Erkenntnis zuerst pflanzlicher und später tierischer Natur.

Grundlage des Lebens ist die dem Lebewesen innewohnende Information, die beschreibt, wie es aufgebaut ist, um in seiner Umgebung zu überleben. Diese Information ist im genetischen Code chiffriert. Der genetische Code ist in den Chromosomen, den DNS-Ketten (Desoxynukleinsäuren), enthalten. Form und Aufbau der Lebewesen sind in den DNS-Ketten genauestens programmiert. Da Zellen nicht ewig leben können, ist als lebenserhaltendes Prinzip ihre Vermehrung im existenziellen Programm enthalten. Zellen können sich teilen und neue Lebewesen bilden, die mit der gleichen Information ausgestattet sind. Jede Zelle vererbt ihr Wissen den Tochterzellen.

Ausgehend von den Einzellern bildeten sich im Rahmen einer langen Evolution mehrzellige Wesen, die immer differenzierter ausgestaltet waren. Auch die Erbinformation wurde somit immer differenzierter. Alle Lebewesen haben ihren Ursprung in den einfachen Genen der primären Urzellen. Je länger die Evolution andauerte, umso komplexer wurden die Pflanzen und die Tiere, und in vielen Millionen Jahren entwickelte sich eine Vielzahl verschiedenster Lebewesen. Alle Lebewesen waren stets bestimmten Grundbedingungen unterworfen, nämlich den Lebensbedingungen, die auf der Erde herrschen.

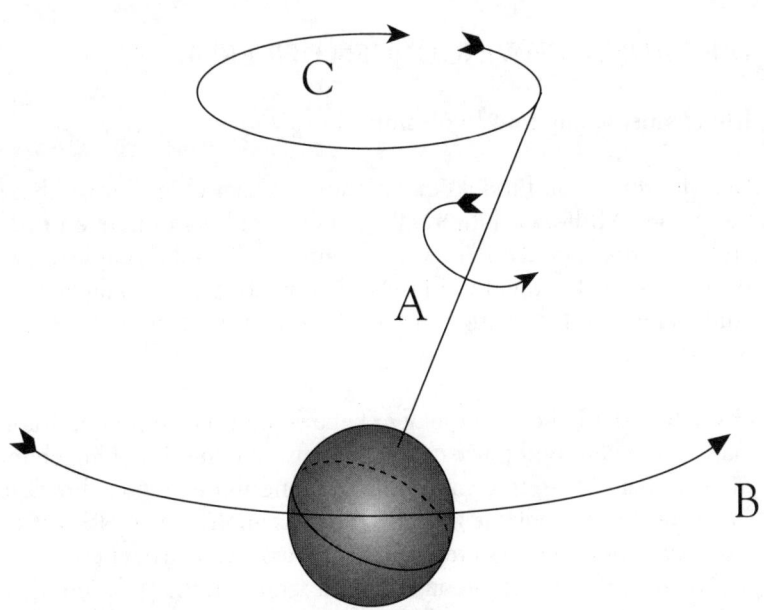

Abb. X/1

Schematische Darstellung der drei Bewegungen der Erde im Raum. Die Rotation des Planeten um seine eigene Achse verdeutlicht der Pfeil A; seinen Umlauf um die Sonne der Pfeil B. Pfeil C repräsentiert die Kreiselbewegung der Rotationsachse, hervorgerufen durch die Gravitationswechselwirkungen zwischen Sonne, Erde und Mond. Auffällig ist, daß diese dritte Bewegung C zu A und B gegenläufig ist.

Kapitel X — Die Grundschwingungen der Erde

Diese sind geprägt durch den Wechsel von Tag und Nacht, durch die Mondphasen (Steuerung der Empfängniszyklen), durch die Temperaturschwankungen, bedingt durch die Jahreszeiten und durch zahlreiche andere Rhythmen.

Die Grundrhythmen der Erde bestimmten maßgeblich die Evolution des Lebens, und das Leben orientierte sich an den naturgegebenen Rhythmen. Da die Oktave das Intervall ist, das die höchste Resonanz auslöst, zeigt sich vielerorts in der Natur, daß diese in den verschiedensten Bereichen genau oktavanalog resoniert und sich auf diese Schwingungen einpendelt. Dies gilt nicht nur für die Spherics, wie bei der Schwingung des Tages bereits erläutert wurde, sondern auch für viele andere Bereiche.

So resoniert auch der Mensch, *die Persona*, als hochentwickeltes Produkt dieser langen Evolution, bedingt durch die Erfahrung der langen Entwicklung und der stetigen Überlieferung der genetischen Information, am stärksten in den Schwingungen unseres Planeten. Die Rhythmen der Erde und ihre Oktaven sind die zeitlichen Grundmuster, die dem Menschen auf Grund der immer wiederkehrenden kosmischen Resonanz einverleibt sind. Darum sind diese Schwingungen auch – rein biologisch bedingt – sehr geeignet, um den der Natur entfremdeten Menschen wieder zu ihr zurückzuführen. Die systematische Anwendung dieser planetarischen Grundfrequenzen helfen dem Menschen, zu seiner ihm innewohnenden und umgebenden Natur zurückzufinden und erfüllen somit auch die primäre Forderung des Genfer Philosophen und Theologen *Jean Jaques Rousseau*, dessen Leitmotiv das *„Zurück zur Natur"* war.

Orphische Klänge erfüllen diese Bedingung. Sie sind im Einklang mit der Natur und können darum auf die Natur einwirken. Orpheus war in der Lage, nicht nur die wilden Tiere, sondern auch „tote Materie", wie Steine, durch seine Musik zu beeinflussen. Seine Klänge resonierten vollkommen in der Natur. Da das die „Urtöne" der Erde ebenfalls tun, kann man diese Töne auch *„Orphische Töne"* nennen.

Kapitel X · Die Grundschwingungen der Erde

Abb. X/2

Gott schafft die Welt nach Maß und Zahl
Miniatur aus einer französischen Bible moralisé des 13. Jahrhunderts.
Die abgebildete Miniatur entstammt dem ersten Kapitel der Genesis.
Der Kodex gilt als eines der schönsten illuminierten Bibelwerke des
Abendlandes.

KAPITEL XI

ORPHISCHE TÖNE

Vom Wesen der Orphischen Töne

Der Mythos von Orpheus vermittelt uns die Erkenntnis, daß der Musik die Kraft der Wandlung innewohnt. Dies ist eine uralte Weisheit, die man in den verschiedensten alten Mysterien wiederfinden kann. Das Geheimnis der Wirkung von Schwingungen wurde auf allen Kontinenten von den verschiedensten Kulturen empirisch erspürt und erfühlt. So erklärt sich die große Bedeutung der Musik in vielen religiösen Zeremonien.

Ein altes Sprichwort sagt: „*Viele Wege führen nach Rom*". Auf das Wesen der Schwingungen und ihrer Wirkungen umgemünzt heißt das: Sowohl auf der Basis religiöser praktischer Erfahrungen, als auch auf der Grundlage der Mathematik und der Physik gelangt man zum gleichen Resultat. Die Weisheit der „Alten" kann durch das heutige Wissen bestätigt und untermauert werden.

Die Inder haben den ihrem Wesen entsprechenden Grundton, das „Om", meditativ erfahren. In diesem Buch wird aufgezeigt, daß diese Festlegung genauso gut auf naturwissenschaftliche Weise erfolgen kann und damit an dieser Stelle beschreibbar wird. Der Ton ist der gleiche.

Orphische Töne sind als naturgegebene Hochpotenzen der Grundschwingungen unserer Erde zu begreifen. Sie machen uns unsere Welt meditativ erfahrbar und deren Wirkungen kontemplativ erlebbar. Die Töne selbst und ihre tiefere Logik sind berechenbar; deren Wirkungen sind experimentell präzis nachweisbar.

Orphische Töne vereinigen in sich Wissen und Weisheit. Sie sind Ausdruck des organischen Zusammenhangs des Weltgefüges und Katalysator zur inneren Wandlung. Die Wirkung der Orphischen Töne mindert die Disharmonie, die wir zu unserer Umwelt haben, wie auch zu uns selbst. Somit können sie uns wieder näher zu unserem eigenen kosmischen Einklang bringen. Orphische Töne sind eine harmonikale Medizin.

Wissenschaft und Philosophie

Die drei Orphischen Töne haben eine hohe Affinität zur abendländischen Philosophie der Dreiteilung des Menschen in Körper, Seele und Geist. Das Prinzip der Dreieinigkeit zur Unterteilung eines organischen Ganzen hat sich bis heute erhalten und kann in modernen Termini der Naturwissenschaft wiedergefunden werden: Materie, Energie und Information.

Diese Dreier-Struktur zeigt sich dann auch in aktuellen Forschungsergebnissen, was in einer Gegenüberstellung der Genforschung mit antiken Überlieferungen augenfällig wird.

Bezugnehmend auf den Dozenten *Fritz Albert Popp* vom Radiologie-Zentrum der Philipps-Universität Marburg/Lahn schreibt *Martin Schönberger* in dem Buch *„Verborgener Schlüssel zum Leben"* betreffend des Informationsstromes im Nervensystem und der Informationsabfragung aus den Genen [1]:
„Deutlich wird nun auch, daß nur eine permanente Vergegenwärtigung des lebendigen Zugleichseins von Information >Codon<, Verhalten und zeitlicher Ablauf als psychisches Äquivalent, wofür ich die Bezeichnung >Psychon< vorschlage, und dieser beiden Gegebenheiten mit dem DNS-Substrat, dem DNS-Codon, das man eigentlich >Somaton< nennen müßte, die Erfassung der vollen Realität gewährleistet". Um diese Ausführungen verständlich zu machen, verdeutlichen wir das Thema durch die Analyse dreier Schlüsselwörter.

Kapitel XI Orphische Töne

Soma

Das Wort *Soma* bedeutet in der Medizin die Gesamtheit der Körperzellen, mit Ausnahme der Geschlechtszellen. Dem Begriff *Soma* sind somit ausschließlich die dem Erhalt des eigenen Organismus dienenden Zellen zuzuordnen. Der Austausch mit anderen Organismen, die geschlechtliche Fortpflanzung und damit die Neuschöpfung einer Wesenseinheit, durchbricht die Barriere des isolierten Individuums. Mit dieser neuen Dimension beschäftigt sich seit alters her vor allem die Psychologie. Sie sieht das *Soma* nicht getrennt von seelischen Einflüssen und trennt darum die Bereiche der Fortpflanzung nicht vom *Soma* ab.

Psyche

Das Wort *Psyche* stammt aus dem griechischen Sprachraum und kann mit Hauch, Atem oder Seele übersetzt werden. In der Psychologie, der Wissenschaft der Psyche, verbindet man mit diesem Begriff die Gesamtheit der bewußten und unbewußten seelischen Vorgänge. Wissenschaftlich verstanden ist die Psyche der Inbegriff der mit dem Organismus eng verbundenen Erlebnisse, besonders der Triebe und der Gefühle. Deren seelische Energien bilden erst den „Klebstoff", der Organismen dauerhaft miteinander verbindet.

Der römische Dichter *Apuleius* berichtet vom griechischen Märchen von *„Amor und Psyche"*. Danach ist *Psyche* eine wunderschöne Tochter eines Königs. Alle Freier ließen sich blenden von ihrer Schönheit, doch keiner hat ihre Seele wahrgenommen und der erotische Funke sprang nie über. Selbst Cupido, der Sohn der Venus, konnte sie nicht verkuppeln und so wurde das Orakel des Apollon bemüht.

Der Orakelspruch riet der schönen *Psyche*, sich auf einer einsamen Bergspitze mit einem bösen Geist zu treffen, den sogar die Götter fürchteten. *Psyche* nahm diese Herausforderung an, und siehe da, es wurde gar nicht so kraß. Sanfte Winde erfaßten sie und geleiteten sie zu einem feenhaften Schloß, inmitten eines prächtigen, blumenhaften Waldes gelegen. Stets im Dunkel der Nacht, begegnete sie dort einem erotischen Mann, der sie erst begehrte und dann beglückte. Obwohl er sich ihr nicht zeigen wollte, mußte sie eines Tages dennoch eine Lampe entzünden. So sah sie ihren Glücksbringer, den erotischen Liebesgott *Amor*, auf der Stelle entschwinden.

Psyche mußte erst einige Prüfungen bestehen, bevor sie sich wieder mit ihm vereinigen konnte. *Amor* zeugte dann mit *Psyche* die Tochter *Voluptas*, was soviel wie Vereinigung oder Verlangen bedeutet.

Das Märchen von Amor und Psyche zeigt eine ganz wesentliche Parallele zu dem Orpheus-Mythos auf: Das Verlieren des Geliebten, beziehungsweise der Geliebten, durch Übertreten des Verbotes bildhaften Gewahrwerdens. Psychologisch kann man das klar deuten: In den Dimensionen der Seele und der Liebe wirkt eine Energie, die nicht betrachtet (analysiert), sondern nur erlebt werden kann.

Code

Das Wort *Code* ist dem lateinischen *codex* entlehnt und bedeutete ursprünglich: Schreibtafel, Verzeichnis oder auch Dokument. In der Frühzeit der Schrift wurden vor allem wichtige, allgemein verbindliche Begriffe und Zusammenhänge festgehalten, wie Gebote und Gesetze. Bis heute hat sich dieser Vorgang immens vervielfacht.

Biologen haben in jüngster Zeit entdeckt, daß es in der Natur ebenfalls Verzeichnisse gibt, die einen Bedeutungsschlüssel für unser Leben enthalten. Sie fanden den „genetischen Code": In jedem Lebewesen enthalten, steigerte er seinen Informationsgehalt und dessen Vielfalt im Laufe der Evolution des Lebens gewaltig. In den einzelnen Wörtern dieser Sprache, den Genen, wird verschlüsselt mitgeteilt, wie ein kommendes Lebewesen aussieht und funktioniert. Gene sind die Speicher (Informationsträger) und steuern die Programme (Informationsgeber) für den Lebensplan aller existierenden Kreaturen.

Entsprechungen

Das Somaton entspricht dem Körper, das Psychon der Seele und das Codon dem Geiste. „*Ohne Berücksichtigung des Zugleich-Gegebenseins der DNS als Codon-Psychon-Somaton wird die Wissenschaft in Zukunft nicht auskommen.*" [2] Genausowenig kommt die menschliche Bewußtwerdung ohne ein Wissen über das Zugleich-Gegebensein von Körper, Seele und Geist aus.

Die drei Säulen der modernen physikalischen Wissenschaften, Materie, Energie und Information, bedingen einander ebenso, und nach Dr. H. de Witt [3] besteht folgender Zusammenhang: Der Körper (Leib) entspricht der Materie (Masse), die Seele der Energie und der Geist der Information. Die Entsprechungen der drei Orphischen Grundtöne unseres Planeten sind somit nicht nur für die drei menschlichen Ebenen von Körper, Seele und Geist gültig, sondern können in analoger Weise auf andere Bereiche übertragen werden.

Die musikalische Beobachtung dieser Zusammenhänge ergibt, daß das Intervall vom „G" zum „Cis" – also vom Tageston zum Jahreston, ein Tritonus – einen spannungsgeladen Zustand hörbar macht. Im Gegensatz dazu stellt das Intervall zwischen „Cis" und „F" – dem Sprung von der Jahresfrequenz auf die des Platonischen Jahres, eine Mollterz – ein stabiles, entspannendes und auflösendes Element dar.

Aus der musikalischen Harmonielehre und allgemeinen Harmonik läßt sich demzufolge ableiten: Körper und Seele, analog Materie und Energie sind eher ein Gegensatzpaar, das heißt, sie stehen in einem Spannungsverhältnis zueinander. Seele und Geist, wie Energie und

Information hingegen, tendieren eher dazu, sich zu stabilisieren und harmonisch aufeinander aufzubauen.

Zusammenfassend eine Aufstellung der Zuordnungen der Orphischen Töne unserer Erde mit den besprochenen Begriffen in einer kleinen übersichtlichen Tabelle:

Ton	Biologie	Philosophie	Physik
F	Codon	Geist	Information
Cis	Psychon	Seele	Energie
G	Somaton	Körper	Materie

Zur Erinnerung für diejenigen, die dieses Buch mehr diagonal lesen als richtig durcharbeiten, hier nochmal die Zuordnung der Orphischen Töne zu den Rhythmen der Erde:

Ton	Erdrhythmus
F	Platonisches Jahr
Cis	Jahr
G	Tag

KAPITEL XII

ORPHISCHE MAßE IM ALTEN ÄGYPTEN

Architektur und Musik

Es gibt eine reichhaltige Literatur, die dem Thema der harmonikalen Proportionen in verschiedensten alten Tempeln gewidmet ist. Man denke zum Beispiel an die Ausführungen von *Hans Kayser* [1], *Rudolf Haase* [2], oder auch von *Louis Charpentier* [3]. Alle haben die Verhältnisse der einzelnen Bauelemente zueinander untersucht und viele, zuweilen verblüffende, Entsprechungen zu musikalischen Tonleitern gefunden.

Übereinstimmend stellten sie fest, daß Architektur Musik in Stein ist. Doch zur Wahl des Einheits- oder Grundmaßes konnten die Autoren im allgemeinen nur sehr wenig oder gar nichts sagen.

Hier zeigt sich eine erstaunliche Ähnlichkeit zu Abhandlungen, die die Harmonik betreffen, sowie auch die allgemeine Harmonielehre. Auch dort gibt es eine Vielzahl von Ausführungen zum Thema der Tonleiterstruktur und der Intervallehre, jedoch nahezu nichts zum Thema des Grundtones. Dem Grundton in der Musik entspricht das Grundmaß in der Architektur.

Die ägyptischen Längenmaße

Nach den Quellen von *John Mitchell*, die er unter anderem in seinem Buch „*City of Revelation*" (*Stätten der Auferstehung*) [4] darlegt, und die *Cousto* in seinem Buch „*Die Kosmische Oktave*" [5] in allen Einzelheiten untersucht und erläutert, gebrauchten die alten Ägypter drei Grundmaße in ihrer Architektur:

Kapitel XII — Orphische Maße im alten Ägypten

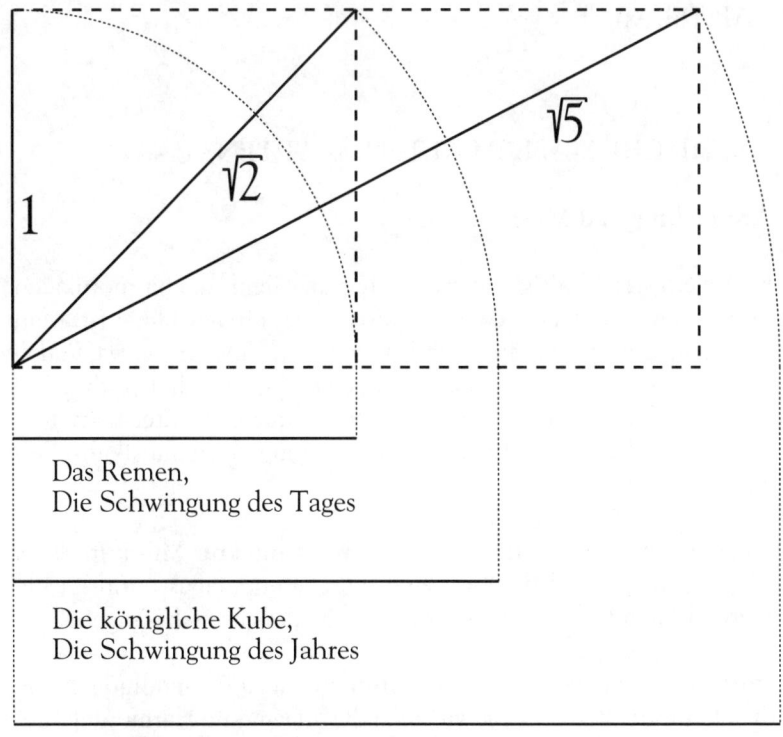

Abb. XII/1
Geometrische Darstellung, welche die oktavanaloge Proportionalität zwischen den Rhythmen der Erde veranschaulicht, wie sie auch in den alten ägyptischen Längenmaßen wiederzufinden ist.

Kapitel XII   Orphische Maße im alten Ägypten

das Remen	= 1,2165	engl. Fuß	= 37,1 cm
die königliche Kube	= 1,72	engl. Fuß	= 52,4 cm
das megalithische Yard	= 2,72	engl. Fuß	= 82,9 cm

Die drei Maßeinheiten haben folgendes Verhältnis zueinander:

Remen : königl. Kube : megal. Yard = $1 : \sqrt{2} : \sqrt{5}$

Das Einheitsmaß war das Remen. Ein Remen ist der 108millionste Teil des Erdumfanges am Äquator. Dieser hat einen Umfang von genau 40 075 180 Meter. Teilt man diese Zahl durch 108 000 000, so erhält man:

40 075 180 m : 108 000 000 = 0,371 066 m

Multipliziert man nun die Länge des Remen mit $\sqrt{2}$ und $\sqrt{5}$, dann erhält man die genauen Längen der königlichen Kube und des megalithischen Yards:

0,371 066 m x $\sqrt{2}$ = 0,524 767 m
0,371 066 m x $\sqrt{5}$ = 0,829 730 m

In der ägyptischen Architektur wurden diese Maße und ihre ganzzahligen Vielfache häufig als Einheitsmaße verwendet. So hat die Grundkante der Cheopspyramide eine Länge von 231,92 Meter, das entspricht genau 625 Remen. Bemerkenswert ist, daß die Zahl 625 ausschließlich aus den Faktoren 5 besteht. Es gilt:

$5 \times 5 \times 5 \times 5 = 5^4 = 625$.

Die Königskammer in der Cheopspyramide hat eine Länge von genau 20 königlichen Kuben und eine Breite von 10 königlichen Kuben. Man könnte hier noch eine ganze Reihe weiterer Beispiele anfügen, doch das würde den Rahmen dieser Publikation sprengen.

Die Lichtzeiten der ägyptischen Längenmaße

Eine der größten Überraschungen ergab sich jedoch bei der Betrachtung der Lichtzeit, die diesen Längen – dem Remen, der königlichen Kube und dem megalithischen Yard – entspricht. Die Lichtzeit ist die Zeitspanne, die das Licht braucht, um von einem Ende einer Strecke zum anderen Ende zu gelangen. Das Licht breitet sich etwa mit einer Geschwindigkeit von 300 000 Kilometer pro Sekunde aus. (Neben dem Licht breiten sich auch alle elektromagnetischen Wellen mit dieser Geschwindigkeit aus. Der genaue Wert der Lichtgeschwindigkeit beträgt: 299 792,5 Kilometer pro Sekunde).

In der Physik der Elementarteilchen (Atomphysik), wie auch in der Astronomie, verwendet man die Zeit, die das Licht braucht, um eine bestimmte Strecke zurückzulegen, als Längenmaßangabe für diese Strecken. So ist ein Lichtjahr etwa gleich der Länge von 9,5 Billionen Kilometer, weil das Licht genau ein Jahr benötigt, um diese Strecke zurückzulegen. Ein Ereignis, zum Beispiel das Verglühen eines kleinen Sterns, im Fachjargon Supernova genannt, kann bei einer Entfernung von 950 Billionen Kilometer, erst 100 Jahre später gesehen werden.

Berechnet man nun die Zeiten, die das Licht – oder irgend eine elektromagnetische Information – braucht, um ein Remen, eine königliche Kube oder eine megalithisches Yard zurückzulegen, sowie die dazugehörige Frequenzen und oktaviert dann dieselben, so kann man eine erstaunliche Übereinstimmung der altägyptischen Längenmaße zu den Orphischen Tönen unseres Planeten beobachten.

Die ägyptischen Längenmaße und die Orphischen Grundtöne

Die Längen der drei Grundmaße des alten Ägypten sind überraschend genau auf die drei Grundschwingungen unseres Planeten abgestimmt. Das Remen entspricht der Schwingung des Tages, die

Kapitel XII　　　　　　　　　　　Orphische Maße im alten Ägypten

königliche Kube derjenigen des Jahres und das megalithische Yard derjenigen des Platonischen Jahres. Die Architektur des alten Ägypten war somit auf die Grundrhythmen unseres Planeten abgestimmt. Sie widerspiegelte die Schwingungen unseres Planeten und darum war sie im wahrsten Sinne des Wortes kosmisch aufgebaut und strukturiert. Sie waren somit „Orphische Architekturmaße".

Das Remen führt zu　　　　　　　　96,31　　Hertz
Die königliche Kube führt zu　　　　　136,21　　Hertz
Das megalithische Yard führt zu　　　　172,29　　Hertz

Die drei Orphischen Grundtöne unseres Planeten haben folgende Frequenzen:

Der Tag (23. Oktave)　　　　　　　　97,09　　Hertz
Das Jahr (32. Oktave)　　　　　　　　136,10　　Hertz
Das Platonische Jahr (47. Oktave)　　　172,06　　Hertz

Die Unterschiede sind sehr gering. Zur Veranschaulichung der Genauigkeit der Wahl der Maße der alten Ägypter sind in der folgenden Tabelle die Differenzen und die Übereinstimmungskoeffizienten für die drei Grundmaße aufgeführt.

Vergleichstabelle

Maß/Periode	Differenz in Hertz	Übereinstimmungs-koeffizient
Remen/Tag	0,78 Hertz	99,20 %
Königl.Kube/Jahr	0,11 Hertz	99,92 %
Meg.Yard/Plat.Jahr	0,23 Hertz	99,87 %

Das hermetische Wissen der alten Ägypter reichte wohl weiter, als die meisten Altertumsforscher und Esoteriker auch nur ahnen.

Die Beschäftigung mit den Orphischen Klängen unseres Planeten schließt somit an eine sehr alte kulturbewußte Tradition an. Sie führt uns nicht nur in Einklang mit dem Lauf unseres Heimatplaneten, sondern auch in die mystischen Geheimnisse der altägyptischen Geheimwissenschaften und in die Geheimnisse der alten indischen und chinesischen Rituale. Die Orphischen Klänge stehen für das Mysterium, das den organischen Zusammenhang des Weltgefüges vermittelt.

KAPITEL XIII

MENSCHLICHE EVOLUTION UND TECHNIK

Das menschliche Umfeld und die Sinnesorgane

Ursprünglich – vor mehreren zehntausend Jahren – lebte der Mensch in der freien Natur. Zuweilen wohnte er in Höhlen oder baute sich aus den Ästen und Zweigen der Bäume kleine Hütten, um sich vor den Naturgewalten zu schützen. Er hatte keine andere Fortbewegungsmöglichkeit, als zu Fuß zu gehen. Die Sinnesorgane und der ganze Wahrnehmungsapparat des Menschen waren in Folge einer langen Evolution auf Veränderungsgeschwindigkeiten, die seiner eigenen Bewegungsgeschwindigkeit entsprachen, konzipiert.

In der Folge wollte der Mensch sich schneller bewegen. Er ging nicht mehr nur zu Fuß, sondern setzte sich auf ein Pferd und begann zu reiten. Damit er bequem reiten konnte, mußte der Mensch Wege bahnen, um nicht stets den Bäumen ausweichen zu müssen. Das Bahnen der Wege war wiederum körperliche Arbeit. Um diese zu bewerkstelligen, schaffte sich der Mensch Werkzeuge, denn die Arbeit überforderte seine physische Schaffenskraft. Auf den Wegen konnte der Mensch dann schneller reiten, als er fähig gewesen wäre, mit eigener Kraft zu laufen.

Zu den ersten Organen, die der Mensch für sich substituierte, gehörten also seine Beine. Er setzte sich auf ein Pferd und ritt, seine Beine waren nicht mehr für die Fortbewegung in dem Maße beansprucht, wie wenn er selbst zu Fuß die Strecke zurückgelegt hätte. Danach kamen die Arme. Um die Arbeit zu erleichtern, erfand der Mensch immer neue Hilfsmittel. Zuerst waren es einfache Hebel, dann in der Folge immer komplexere Maschinen. Der Mensch mußte die benötigten Baumaterialien nicht mehr tragen, sondern fuhr sie zum entsprechenden Ort, zuerst mit einem Pferdegespann, später dann mit motorisierten Fahrzeugen.

Die Kraft der Maschinen war um ein vielfaches größer, als die dem Menschen naturgegebene eigene Muskelkraft. Doch mit der Zeit waren der Maschinenpark und die technischen Hilfsmittel so zahlreich geworden, daß es schwierig wurde, die ganzen Arbeitsmittel zu verwalten. Der Denkapparat und das Organisationsvermögen des Menschen wurden immer mehr überlastet. Die Verwaltung und Steuerung seiner Maschinen erforderte die Entwicklung weiterer technischer Hilfsmittel. Es wurden Rechenmaschinen und Computer entwickelt, die das Gehirn des Menschen entlasteten, genauso wie der erste Typ von Maschinen die Muskeln der Menschen entlastet hatte.

Die Fülle an Arbeit, die Häufigkeit und Schnelligkeit an Ortsveränderungen und die immer größer werdende Menge an Informationen begann zusehends, den Menschen zu überlasten, denn seine Sinnesorgane waren eigentlich für ganz andere Verhältnisse konzipiert.

Die Wahrnehmungsorgane sind biologisch für Geschwindigkeiten von etwa fünf Kilometer pro Stunde (normales gehen) bis maximal 25 Kilometer pro Stunde (schnelles rennen) eingerichtet. Heutzutage pflegt der Mensch sich aber wesentlich schneller fortzubewegen, was die Sinnesorgane einfach überlastet. Zudem muß der Mensch sein Augenmerk auf sehr viel mehr Dinge richten, als die Natur es ursprünglich geplant hatte. So entsteht – durch die stetige Überlastung der Wahrnehmungsorgane – auf die Dauer Stress.

Bedingt durch die Folge dieser Entwicklung, läuft der Mensch Gefahr, aus dem psychophysischen Gleichgewicht zu geraten. Um den Körper und den Verstand zu entlasten, hat er sich inzwischen Maschinen gebaut. Übrig bleibt das Gemüt – die Seele. Es kann nun nicht angehen, daß gewisse Teile des Menschen durch technische Hilfsmittel bis nahezu ins Grenzenlose in ihrer Leistungsfähigkeit gesteigert werden, andere Teile des Menschen aber anscheinend ohne weitere Hilfsmittel dieses Ungleichgewicht wieder ausgleichen sollen. Dabei kommt der seelische Bereich des Menschen zu kurz. Nur wenige haben die nötige Zeit, über einen längeren Zeitraum regelmäßig zu meditieren. Die anderen bleiben früher oder später auf der Strecke. Zwar gibt es gewisse medikamentöse Hilfsmittel, die die Symptome dieser Spannungssituation unterdrücken und schlimmere Folgereaktionen etwas hinausschieben, doch eine glückliche Lösung ist das nicht.

Wissenschaft und Kritik

Neue wissenschaftliche Methoden sind häufig der allgemeinen Kritik ausgesetzt. Dies ist nicht erst seit heute der Fall. Die Geschichte lehrt uns, daß dieses Phänomen eine lange Tradition hat – man denke an Galilei und die römisch-katholische Kirche. Eine neue Methode, die ein Wissenschaftler entwickelt, ist erst einmal wertneutral. Wie man diese Methode einsetzt, das ist eine andere Frage, die von den ethischen und moralischen Werten der Gesellschaft abhängig ist. Dies betonte der Erfinder der „pasteurisierten Milch", *Louis Pasteur*, in seiner Antrittsrede als Professor, den Geist Franklins beschwörend, in Lille am 7. Dezember 1854. *Louis Pasteur*, der zwar kein Arzt war, aber einer der größten Wissenschaftler und Wohltäter der Menschheit, sagte [1]:

„Ohne Theorie ist die Praxis nichts als Routine, die aus Gewohnheit entstanden ist. Die Theorie allein kann den Geist der Erneuerung voranbringen und entwickeln. Sie sind es vor allen Dingen, die verpflichtet sind, nicht die Meinung dieser kleinen Geister zu teilen, die alles in der Wissenschaft ablehnen, dessen praktischer Nutzen nicht unmittelbar einsichtig ist. Kennen Sie Franklins großartigen Ausspruch? Er führte die erste Anwendbarkeit einer rein wissenschaftlichen Entdeckung vor und die Leute um ihn herum fragten: >Aber was ist ihr Nutzen?< Franklin antwortete ihnen: >Was ist der Nutzen eines neugeborenen Kindes?< Und dennoch

Kapitel XIII   Menschliche Evolution und Technik

Abb. XIII/1

Ein christliches Teufelchen führt ein Liebespaar in einem Lustgarten zusammen. Die Dämonisierung der Liebe soll den Menschen von seinem ursprünglichsten schöpferischen Ritual, der absoluten Hingabe des *Ichs* zur Erschaffung neuen Lebens, entfremden. Entwurzelt, weil getrennt von diesem Akt, läßt er sich leicht manipulieren, daher ist die Verteufelung der Liebe ein probates Mittel zur politischen Unterdrückung des Menschen und geht immer mit dem Verbot aphrodisischer Mittel einher.

Kapitel XIII Menschliche Evolution und Technik

existieren vielleicht in diesem zarten Alter in ihnen schon Keime der Talente, die sie unterscheiden. Unter Ihren kleinen Jungen, so zerbrechliche Wesen sie auch sind, gibt es embryonale Beamte, Wissenschaftler, Helden, die so wertvoll sind wie jene, die sich jetzt vor den Mauern von Sewastopol mit Ruhm bedeckten. Und so gesehen, meine Herren, hat eine theoretische Entdeckung nur die Verdienste ihrer Existenz; sie erweckt Hoffnung und das ist alles. Aber lassen Sie zu, daß man sie kultiviert, lassen Sie sie wachsen und Sie werden sehen, was daraus wird."

Maschinen für die Seele?

Darum ist es einfach folgerichtig, nach der Einführung von Maschinen zur Unterstützung der Muskelkraft und zur Unterstützung des logischen Denkens nun auch Instrumente einzuführen, die dem Menschen helfen, das dadurch entstandene seelische Defizit wieder auszugleichen. Das seelische Empfinden kann einerseits durch Einnahme verschiedener Moleküle beeinflußt werden – was jedoch mit erheblichen gesundheitlichen Risiken, wie zum Beispiel Suchterscheinungen, verbunden ist – oder durch die Stimulation über die Wahrnehmungsorgane. So waren alte Riten oft gut geeignet, das seelische Wohlbefinden der Teilnehmenden zu steigern. Da jedoch die Institutionen, die diese Riten „verwalten" und überliefern, diese zuweilen auf recht eigentümliche Weise verfremdet haben, ist die Wirkung heutzutage nicht mehr gewährleistet. So muß man wieder an den biologischen und psychischen Wurzeln dieser Riten forschen, deren Folgereaktionen erkunden, und sie dem Menschen in neuer Form zugänglich machen.

Die moderne Wissenschaft ist in der Lage, gewisse Gemütszustände des Menschen auf Grund elektronischer Messungen am Gehirn (EEG) zu beschreiben. So hat ein wutentbrannter Polizist bei einer Diskussion anläßlich einer politischen Demonstration sicherlich ein ganz anderes Wellenspektrum in seinem Gehirn, als ein meditierender Mönch, der ein paar Stunden die heilige Silbe „Om" intonierte.

Bestimmten Gemütszuständen kann man genau definierbare Wellenmuster im Gehirn zuordnen. Nun gilt aber auch: Sind bestimmte Wellenmuster im Gehirn vorhanden, dann richtet sich das Bewußtsein bezüglich des eigenen Gemütszustandes nach diesen Wellenmustern. Induziert man dem Gehirn Wellenmuster, die ihm „Entspannung" suggerieren, dann wird der betreffende Mensch nach einer bestimmten Zeit sich auch entspannen können und seine Ruhe wieder finden.

Eine in den letzten Jahrzehnten entwickelte neue Methode ist die Induktion optischer und akustischer Signale, die in regelmäßigen Abständen erfolgen, um das Gehirn zu veranlassen, auf diese Impulse zu reagieren. Die Arbeit des Gehirns folgt den Mustern der Induktionen. Dies nennt man *„Frequenz - Folge - Reaktion"*.

Willkürliche und kosmische Induktionen

Es gibt seit ein paar Jahren verschiedene Geräte, *„Mind - Machines"* genannt, die solche Frequenz-Folge-Reaktionen steuern. Diese Maschinen veranlassen das Gehirn, sich bestimmten ausgewählten Frequenzmustern anzupassen. Sie sollen zum Beispiel die Synchronisation der beiden Gehirnhälften unterstützen oder helfen, bestimmte Zustände der Ruhe und Entspannung zu erreichen. Die meisten Maschinen arbeiten nach frei wählbaren Programmen mit verschiedenen Einstellmöglichkeiten der Grundfrequenzen. Zusätzlich zu den Grundfrequenzen sind die sogenannten Schwebungsfrequenzen von Bedeutung. Geringe Unterschiede der Grundtöne hören wir als Schwebungen – ein Lauter- und Leiserwerden des Tonsignals. Die Schwebungsfrequenz ist ausschlaggebend für die Induktion bestimmter Wellenmuster im Gehirn. Da jedoch die Grundfrequenzen und die Schwebungsfrequenzen bei vielen „Mind-Machines" nicht harmonikal aufeinander abgestimmt sind, sondern eher willkürlich zugeordnet werden können, lösen solche Maschinen zuweilen eher noch mehr Stress aus, als daß sie dem Benutzer zur versprochenen Ruhe verhelfen.

Bei einigen Maschinen kann man gleichzeitig noch zusätzlich Musik zu den Ton- und Lichtsignalen einspielen. Die gewählte Musik ist oft völlig disharmonisch zu den induzierten Schwebungsmustern, wie auch zu den Grundfrequenzen. Der Benutzer ist dann einem völligen Frequenzchaos ausgeliefert, das ihn beeinflußt. Leider ist bis jetzt ein Großteil aller „Mind-Machines" eher durch Frequenzchaos gekennzeichnet, als durch wohl abgestimmte Frequenzmuster. Darum haben bisweilen auch viele Benutzer – bezeichnenderweise vor allem Künstler und Musiker – Probleme mit diesen neuartigen Maschinen.

Paul Hindemith, der als einer der Hauptrepräsentanten der deutschen zeitgenössischen Musik weltweite Anerkennung fand, spricht von dem Wunder des einzelnen Tones als musikalische Keimzelle und Kraftquelle [2]:
„Wir dürfen heute mehr auf das Gemeinsame als auf das Trennende achten,... indem wir bis in den geringsten musikalischen Baustein hinein Kräfte sich ausbreiten fühlen, die denen gleichen, welche den Himmel bis in die entferntesten Sternnebel in Bewegung erhalten. Diese Weltenharmonie, die in ihrer Realität ungleich phantastischer und für den Musiker beziehungsreicher anmutet als die tönenden Halbkugeln der Alten, klingt nicht allein für den forschenden und rechnenden Sternkundigen, sie ist auch für den einfältigen Gläubigen ein ebenso sicherer wie unbegreiflicher Tatbestand."

Die Grundbedingung, daß eine „Mind-Machine" eine wohltuende Wirkung auf den Benutzer auslöst, ist, daß diese harmonisch in sich gestimmt ist. Ist diese Stimmung zusätzlich in Einklang mit den in der Natur am stärksten resonierenden Frequenzen, dann wird der Benutzer auch wieder in Einklang mit der ihn umgebenden Natur gebracht. Darum werden in professionellen „Mind-Machines" nur Frequenzen gebraucht, die nachweislich von der Natur abgeleitet sind und nicht willkürlich – irgendwie – eingestellt werden können. Je größer die Korrelation (Übereinstimmung) der verwendeten Frequenzen mit Mustern der Natur ist, desto größer ist auch der Wirkungsgrad der Maschine.

Orphische Klänge zur Stimulierung des Gehirns

Seit alters her spricht man von der Magie der Töne. Diese magische Wirkung ist heutzutage zum Teil wissenschaftlich erklärbar geworden. Man kann einige Wirkungen genau beobachten und analysieren. Es ist daher möglich, das vorhandene Wissen in einer „Mind-Machine" umzusetzen und dem Benutzer nutzbar zu machen.

Seit mehr als zehn Jahren forschen verschiedene Wissenschaftler, Therapeuten und Meditationslehrer im Bereich der planetarischen Grundtöne. In dieser Zeit wurde eine Fülle von Material zusammengetragen, das auch zum Teil in diesem Buch aufgeführt und erläutert wurde. Auf Grundlage dieser Forschungsresultate erschien es als angebracht, diese Frequenzen auch zur Stimulation der Gehirnwellen mittels „Mind-Machines" einzusetzen, um dem Benutzer den Weg zum universellen Einklang zu erleichtern. Als besonders geeignet, weil biologisch wirksam, erwiesen sich hier die Grundtöne unseres Planeten Erde.

KAPITEL XIV

FREQUENZ - FOLGE - REAKTIONEN

Aus Forschung und Wissenschaft

Die beiden amerikanischen Gehirnforscher *Gerald Oster* [1] und *Robert Monroe* [2] untersuchten unabhängig voneinander die Wirkung von Klangwellen auf das menschliche Gehirn. Oster fand heraus, daß im Gehirn Schwingungsmuster auftraten, wenn er beide Ohren getrennt mit Tönen, die sich in ihrer Frequenz geringfügig unterschieden, beschallte. Die Hörer nehmen einen pulsierenden Klang war, wobei die Pulsfrequenz (Schwebungszahl) dem Frequenzunterschied der beiden den Ohren getrennt zugefügten Töne entspricht. Diese „binaurale Schwingungen" (*aural = die Ohren betreffend*) regen das Gehirn an, gemäß dem Frequenzunterschied zu schwingen.

Monroe wies nach, daß diese *„Frequenz-Folge-Reaktion"* (FFR) nicht nur in dem für das Hören im Gehirn zuständigen Bereich auftritt, sondern daß das ganze Organ auf die Schwebungen reagiert. In seinen Untersuchungen konnte er anhand von EEG - Messungen nachweisen, daß sich die Wellenformen beider Gehirnhälften synchronisieren. Dieses von ihm *„Hemi-Sync"* genannte Verfahren bewirkt also, daß nicht nur ein spezifischer Teil des Gehirns arbeitet, sondern daß es verstärkt als integrale Ganzheit an jedem Prozeß teilnimmt.

Man spricht auch von der *holistischen* Funktion des Gehirns. Diesen holistischen oder ganzheitlichen Zustand nannte der britische Physiker *Cade* „luzide Bewußtheit" (luzid = hell, durchsichtig). Seiner Meinung nach ermöglicht der Zusammenschluß der extravertierten, verbalen, rationalen und abstrakten Prozesse der linken Gehirnhälfte einerseits mit den introvertierten, visuellen, synthetischen und holistischen rechtshälftigen Abläufen andererseits, ungewöhnliche geistige Fähigkeiten. Der Schweizer Psychiater Carl Gustav Jung bezeichnete diese Vereinigung bewußter und unbewußter Geistesinhalte als *„transzendente Funktion"*.

Gehirnwellen und Bewußtseinsebenen

Mittels Elektroenzephalogramm (EEG) lassen sich die Gehirnwellenmuster recht genau messen und analysieren. Verschiedenen Bewußtseinszuständen können eindeutig unterschiedliche Frequenzen der Gehirntätigkeit zugeordnet werden. Man teilt die Frequenzen der Gehirntätigkeit allgemein in vier Hauptbereiche ein. Diese haben jeweils einen speziellen Namen und stehen für klar umrissene Tätigkeiten.

Beta Wellen (16 Hertz bis 32 Hertz)	Fordernde Wachheit, gespannte Aufmerksamkeit, logisch-analytisches Prüfen
Alpha Wellen (8 Hertz bis 16 Hertz)	Völlige Entspannung, wache Meditation, Glücksempfinden, ruhige und gelassene Aufmerksamkeit
Theta Wellen (4 Hertz bis 8 Hertz)	Bildhafte Vorstellungen, Träume, tiefe Meditation, Erinnerung und Phantasie
Delta Wellen (1 Hertz bis 4 Hertz)	Tiefschlafbereich, Trancezustand, Tiefenhypnose, Selbstheilung

Die unterschiedlichen Gehirnwellenmuster sind Ausdruck verschiedener Schaltstrukturen nicht nur des Gehirns, sondern des

Gesamt-Organismus; es werden außer den neuronalen Verknüpfungen im Gehirn noch viele andere neuronale Netzwerke wirksam. Die Ausschüttung der Neurotransmitter (chemische Substanzen, die der Übermittlung von Nervensignalen dienen) wird beeinflußt und somit das ganze biologische Steuerungssystem im Menschen. Dies führt natürlich auch zur Wahrnehmung verschiedener Bewußtseinsebenen. Je differenzierter man die eigene „Standortsbestimmung" von verschiedenen Ebenen aus beobachten und feststellen kann, desto größer wird das Spektrum von neuen, anderen Bewußtseinslagen, mit denen man an der Wirklichkeit teil hat.

Der Schlüssel zur persönlichen inneren Harmonie (Gesundheit) liegt in dem funktionellen Miteinander all dieser verschiedenen Bewußtseinsmuster. Die moderne, vorherrschend extrovertierte Geisteshaltung des „Allzeit Bereitseins" (Tat = Leben) prägt den Menschen in eine eindimensionale Existenz. Wer sagt uns denn, daß die im Wachen erlebten Bilder, das „wichtigere" Leben, unsere sogenannte Realität ausmachen?

Die Traum- und Phantasiewelt des Menschen ist genauso real wie die logische Gedankenwelt. Real heißt wirklich, und wirklich ist das, was eine Wirkung zeitigt. So kann eine Halluzination genauso wirklich sein, wie ein betrachteter Gegenstand, denn die Halluzination kann bei dem, der sie erlebt, genauso eine Wirkung auslösen, wie die Wahrnehmung eines realen Objektes. Die Halluzination ist ja nichts anderes als eine Projektion aus der eigenen Erinnerung und Phantasie und sie wird im Moment ihrer Wahrnehmung zu einem holistischen Bild im Gehirn zusammengesetzt, genauso wie ein Strauß aus roten Rosen und weißen Lilien beim Betrachter im Gehirn zu einem ganzheitlichen Bild rekonstruiert wird.

Die Konsequenz aus dieser Erkenntnis lautet: Den inneren Räumen mehr Aufmerksamkeit zu schenken, sie als wahre Realität anzuerkennen und somit zur Gestaltung der eigenen „Wohnung" (Körper, Seele & Geist) zu nutzen.

Orphische Frequenzfolgen

Die drei Grundschwingungen unseres Planeten sind die Töne des Tages, des Jahres und des Platonischen Jahres. Sie sind nicht nur im akustischen Bereich wirksam, sondern zeigen auch in tieferen Oktaven – musikalisch dem Tempo vergleichbar – ihre deutliche Wirkung. Diese tieferen Frequenzen, die alle unterhalb der menschlichen Hörschwelle (etwa 16 Hertz) angesiedelt sind, lösen, wenn sie binaural angewendet werden, Frequenz - Folge - Reaktionen im Gehirn aus. So kann man gleichzeitig die Wirkung des Tones im akustischen Bereich wie auch auf der Ebene der Gehirnwellenmuster erleben und damit verstärkt sich selbst bewußt in den kosmischen Einklang einschwingen.

Die Frequenzfolge des Tagestones

– Es ist so, als erwache das Selbst –

Der Tageston hat in der 23. Oktave eine Frequenz von 97,09 Hertz. Dies ist ein G in der großen Oktave. Drei Oktaven tiefer hat der Tageston eine Frequenz von

97,09 Hertz : 8 = 12,14 Hertz.

(Alle Frequenzangaben sind korrekt auf 2 Stellen nach dem Komma gerundet, die Rechnungen wurden mit wesentlich mehr Nachkommastellen durchgeführt. Darum kann es vorkommen, daß man, wenn man nur mit den angegebenen Zahlen rechnet, manchmal in der zweiten Stelle nach dem Komma zu einem anderen Resultat, das um ein Hundertstel vom abgedruckten abweicht, gelangt. Die abgedruckten Werte sind aber auf jeden Fall genauer und entsprechen den naturgegebenen Voraussetzungen.)

Kapitel XIV — Frequenz - Folge - Reaktionen

Diese Frequenz liegt im oberen Bereich der sogenannten „Alpha-Wellen". Die Alphawellen sind eines von vier Hauptwellenmuster, die die Tätigkeit des menschlichen Gehirns bestimmen. Dem Alpha-Wellen-Bereich werden erfahrungsgemäß entsprechend jahrzehntelangen Beobachtungen die folgenden Tätigkeiten zugeordnet: Völlige (wache) Entspannung, wache Meditation, Glücksempfinden, ruhige und gelassene Aufmerksamkeit.

Die Frequenz-Folge-Reaktion wird durch die folgenden Schwingungen ausgelöst: Die beiden Tonquellen an den Ohren müssen sich um 12,14 Hertz unterscheiden damit eine Schwebung dieser Frequenz induziert wird, und der Grundton muß 97,09 Hertz betragen. Was der Benutzer konkret hört sind nicht zwei verschiedene Töne, sondern die Mitte beider Töne als einen einzigen, rhythmisch an- und abschwellenden Klang. Die beiden Schallquellen müssen somit je eine Differenz von

$$12{,}14 \text{ Hertz} : 2 = 6{,}07 \text{ Hertz}$$

von dem Grundton 97,09 Hertz haben. Dem einen Ohr wird somit die Frequenz von

$$97{,}09 \text{ Hertz} + 6{,}07 \text{ Hertz} = 103{,}16 \text{ Hertz}$$

zugeführt, dem anderen Ohr eine Frequenz von

$$97{,}09 \text{ Hertz} - 6{,}07 \text{ Hertz} = 91{,}02 \text{ Hertz}.$$

Die Kombination von der Grundwirkung des Tagestones im akustischen Bereich mit derjenigen im Alphawellenbereich führt zu einem sehr angenehmen, behaglichen, wachen, dynamischen, jedoch weitgehend stressfreien Zustand. Diese Kombination ist besonders zu empfehlen zur Vorbereitung einer geistigen, anspruchsvollen Tätigkeit.

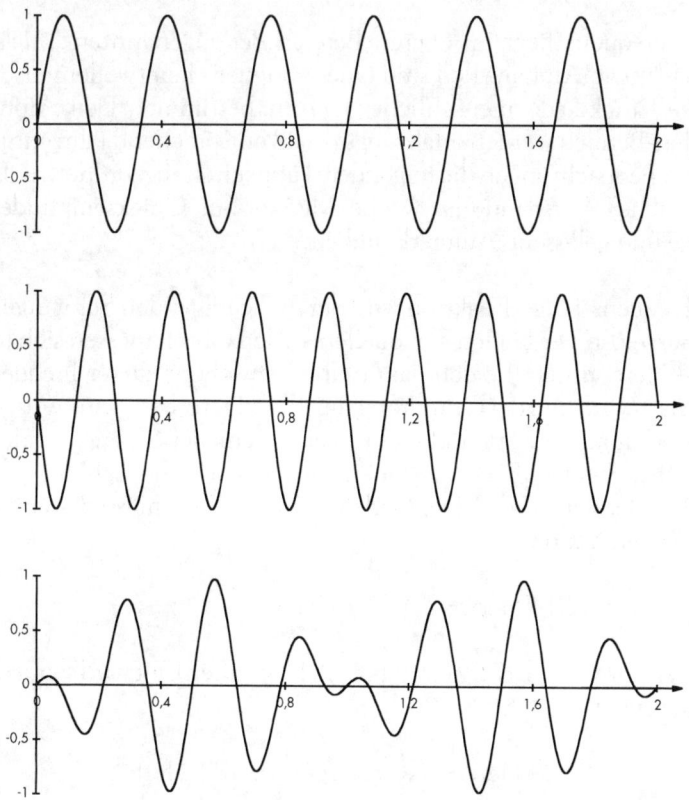

Abb. XIV/1

Prinzip der Schwebung: Durch Überlagerung (Addition) einer Schwingung von 3 Hz (oben) und einer Schwingung von 4 Hz (Mitte) resultiert eine Schwebung (unten) von 4 - 3 = 1 Hz.
Im unteren Diagramm sieht man, daß im Zeitraum von 0 sec bis 2 sec die Schwingung zweimal an- und abschwillt (die Zahlen auf der waagerechten (Zeit-) Achse entsprechen Sekunden). Nach der Frequenzformel f = Schwingungen/Zeit ergibt sich die Schwebungsfrequenz von 1 Hz aus (2 Schwebungen) / (2 sec) = 2/2 Hz = 1 Hz.

Kapitel XIV Frequenz - Folge - Reaktionen

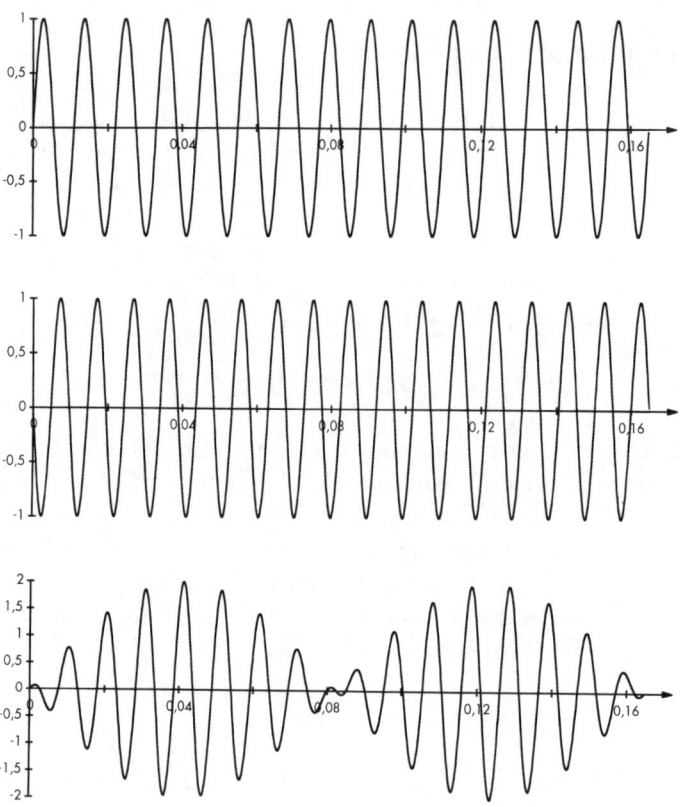

Abb. XIV/2

Die Schwebung der Frequenzfolge des Tagestones (12,14 Hz).
Oben: Schwingung von 91,02 Hz (97,09 Hz – 6,07 Hz).
Mitte: Schwingung von 103,16 Hz (97,09 Hz + 6,07 Hz).
Unten: Überlagerung der beiden Schwingungen. Für jeden Punkt auf der waagerechten (Zeit-) Achse werden die Werte aus dem oberen und dem mittleren Diagramm addiert. Die resultierende Funktion schwingt zweimal in 0,1647 sec, d.h. die Schwebungsfrequenz ergibt sich zu 2 / 0,1647 Hz = 12,14 Hz.

Die Frequenzfolge des Jahrestones

> - Es ist so, als befreie sich die Seele von der Diktatur des Intellektes und erkenne die Grenzen des Verstandes. Die Mauern der Ratio verwandeln sich in dahinschwebende weiße Wolken. -

Der Jahreston hat in der 32. Oktave eine Frequenz von 136,10 Hertz. Dies ist ein Cis in der kleinen Oktave. Fünf Oktaven tiefer hat der Jahreston eine Frequenz von

$$136{,}10 \text{ Hertz} : 32 = 4{,}25 \text{ Hertz}$$

Diese Frequenz liegt im unteren Bereich der „Theta Wellen". Diese sind aktiv bei einer tiefen Meditation, bei bildhaften Phantasievorstellungen und auch beim Träumen. Die Frequenz - Folge - Reaktion wird durch die folgenden Schwingungen ausgelöst: Die Frequenzdifferenz der beiden Schallquellen an den Ohren muß 4,25 Hertz betragen und der Grundton muß die Frequenz von 136,10 Hertz haben. Die beiden applizierten Töne müssen sich somit um

$$4{,}25 \text{ Hertz} : 2 = 2{,}13 \text{ Hertz}$$

vom Grundton von 136,10 Hertz unterscheiden. Dem einen Ohr wird somit eine Frequenz von

$$136{,}10 \text{ Hertz} + 2{,}13 \text{ Hertz} = 138{,}23 \text{ Hertz}$$

zugeführt, dem anderen Ohr eine Frequenz von

$$136{,}10 \text{ Hertz} - 2{,}13 \text{ Hertz} = 133{,}98 \text{ Hertz}.$$

Auf diesen Ton und dieser Schwebung soll sich das gesamte Gehirn mittels der Hemi-Sync Technik einschwingen, um sich seelischen Prozessen zu öffnen. Der Jahreston ist bekanntlich (siehe oben) der Ton der Seele. Die mental entsprechende Gehirnwellenfunktion

Kapitel XIV   Frequenz - Folge - Reaktionen

liegt im Theta - Wellen - Bereich. Die entspannende Wirkung dieser Klangkombination ist wahrlich erstaunlich und kann maßgeblich dazu beitragen, inneren Frieden zu finden.

Die Frequenzfolge des Tones des Platonischen Jahres

> - Es ist so, als hebe die Seele ab und reise unbeschwert durch weite neue Welten, deren bewegte Dimensionen die alltäglichen Vorstellungen wie erstarrt zurücklassen. Man erlebt, was es bedeutet: Der Geist schwebte über dem Wasser. -

Der Ton des Platonischen Jahres hat in der 47. Oktave eine Frequenz von 172,06 Hz. Dies ist ein F in der kleinen Oktave. Sechs Oktaven tiefer hat der Ton des Platonischen Jahres eine Frequenz von

$$172,06 \text{ Hertz} : 64 = 2,69 \text{ Hertz}$$

Diese Frequenz liegt im oberen Bereich der „Delta - Wellen". Diese sind besonders aktiv während der Tiefschlafphase, in Trancezuständen oder auch innerhalb einer gezielten Tiefenhypnose. Die Frequenz - Folge - Reaktion wird durch die folgenden Schwingungen ausgelöst: Die Frequenzdifferenz der Schallquellen an den Ohren muß 2,68 Hertz betragen und die Grundtonfrequenz muß den Wert von 172,06 Hertz haben. Die beiden applizierten Töne müssen sich somit um

$$2,69 \text{ Hertz} : 2 = 1,34 \text{ Hertz}$$

vom Grundton von 172,06 Hertz unterscheiden. Dem einen Ohr wird somit eine Frequenz von

$$172,06 \text{ Hertz} + 1,34 \text{ Hertz} = 173,40 \text{ Hertz}$$

zugeführt, dem anderen Ohr eine Frequenz von

$$172,06 \text{ Hertz} - 1,34 \text{ Hertz} = 170,72 \text{ Hertz}.$$

Der Ton des Platonischen Jahres steht bekanntlich, wie schon ausführlich in diesem Buch erläutert, für das Prinzip des Geistes. Die Delta - Wellen stehen für die tiefsten Schichten der inneren Wahrnehmung wie auch für die Ergründung des eigenen Unbewußten. Das Unbewußte manifestiert sich ja häufig während des Schlafes in der Traumwelt. Gelingt es nun, die Träume im Erinnerungsvermögen während des Alltagzustandes wachzurufen, dann kann man sehr viel über die in einem schlummernden tieferen seelischen Schichten erfahren. Die Kombination vom Ton des Platonischen Jahres mit dem Delta - Wellen - Bereich kann dem Benutzer dieser Frequenzen bei der Ergründung dieser Schichten hilfreich sein. Die Höhen des Geistes durchwandern die (beinahe) unergründlichen Tiefen der Seele.

KAPITEL XV

OPTISCHE INDUKTIONEN

Das dritte Auge

Viele indische, tibetische und buddhistische Mönche und Yogis konzentrieren ihre geistige Aufmerksamkeit bei bestimmten Meditationen auf einen ganz besonderen Punkt, der genau zwischen den Augenbrauen liegt, denn durch diesen Punkt fließt eine besonders intensive Energie, die hohe spirituelle Erfahrung und seelischen Frieden vermittelt.

Dieser visuelle Brennpunkt wird im allgemeinen „*drittes Auge*" oder auch „*Ajna-Zentrum*" genannt. Es handelt sich hier um das sechste, das zweithöchste Chakra unter den sieben Chakren, welche die Energiezentren um die Kundalini bilden.

Die Erkenntnis, die durch die Bewußtwerdung des Ajna-Zentrums gewonnen wird, *„übersteigt das Verständnisvermögen des sinnenabhängigen Intellekts und der damit verbundenen Fähigkeiten. Es handelt sich hier um eine Stufe auf welcher ein wahres universelles Verständnis stattfindet, das die Mystiker für das letzte Ziel des menschlichen Abenteuers halten."* [1]

Ich sehe, also bin ich – oder von der Kunst, das Denken abzustellen

In unserem abendländisch geprägten Bewußtsein spielt die visuelle Wahrnehmung eine überragende Rolle. Man denke nur an Begriffe wie „Weltanschauung", „Perspektive", „Ansichtssache"... Unsere Augen bewegen sich ständig durch den Raum auf der Suche nach nützlichen und wichtigen Fixpunkten. Die von außen auf uns eindringende Flut von Sinneseindrücken verlangt eine hohe Aufmerksamkeit und überlagert unsere eigene innere Welt. Vielen Menschen gelingt es nicht mehr, „abzuschalten", um zu sich selbst zu finden; ihr unruhiges Hirn registriert ständig irgendetwas.

Die ORPHEUS - Brille soll vor allem dieses Umherschweifen der Gedanken verhindern. Im „normalen" Zustand des Wachbewußtseins, also der logisch- analytischen Aufnahmebereitschaft, visiert das Auge ständig etwas an, man ist „konzentriert". Diese Objekte müssen nicht einmal realer Natur sein...

Jeder bewußte Gedanke ist ein „Denken an etwas". Die Augen fokussieren sich unwillkürlich auf einen vorgestellten oder tatsächlichen Gegenstand. Daß diese Objekte auch virtueller Natur sein können, zeigt sich, wenn man das Schlafverhalten untersucht. Die sogenannten REM- Phasen (Rapid Eye Movement – schnelle Augenbewegung) im Traum zeichnen sich durch große Augenaktivität aus, man sieht die virtuellen Bilder „wirklich".

Das schlafende Auge

Charakteristisch für andere Phasen des Schlafes ist ein Augenzustand tiefster Ruhe, gekoppelt mit einem meßbaren Absinken der Gehirnwellen-Frequenzen. Hierbei ist das Auge völlig entspannt und verdreht sich in seine Ruhestellung, die einem Schielen nach innen oben entspricht.

Dieser Zustand der Augenruhelage spielt auch in vielen Meditationstechniken eine Rolle. Hierbei stellt man sich, wie Eingangs erwähnt, ein *„drittes Auge"* an der Nasenwurzel zwischen den Augenbrauen vor, auf das die geschlossenen Augen gerichtet werden. Viele Anwender solcher Techniken berichten von einem hellen Licht, das sie nach einiger Zeit an der Stelle des Dritten Auges, wahrnehmen.

Kapitel XV　　　　　　　　　　　　　　　　Optische Induktionen

Die ORPHEUS-Brille stimuliert das dritte Auge

Für einen ähnlichen optischen Effekt sorgt die ORPHEUS-Brille. Hierbei entsteht der Lichteindruck durch gezielte kurze Lichtimpulse. Vier LEDs (Licht-Emittierende Dioden) bewirken durch ihre spezielle Anordnung die Entspannung des Sehapparates.

Da die Augen geschlossen sind, wirken die Augenlider als Lichtfilter. Jeder weiß aus eigener Erfahrung, daß ein helles Licht, wie zum Beispiel das der Sonne, durch das Augenlid rot hindurchscheint. Für diesen Effekt sind die feinen Blutgefäße des Lides verantwortlich, genauer das Blut, das durch sie hindurchschwimmt. Seine rote Farbe erhält das Blut durch den Blutfarbstoff *Hämoglobin*, dieses ist die Filtersubstanz. Nach Auskunft von Herrn Haldorsson bei MBB in Ottobrunn, der Versuche leitete, mit Laserlicht Blutgefäße zu verschweißen, liegt die größte Energiedurchlässigkeit des Hämoglobins in den dunkelroten und infraroten Wellenlängen, von ca. 700 bis 1300 Nanometern.

Daher bot sich die Verwendung von dunkelroten LEDs an, um eine maximale Energieansammlung am Auge zu erreichen.

Eine anderer Vorteil von LEDs gegenüber kleinsten Glühbirnchen liegt darin, daß man das Licht wesentlich genauer ausrichten kann. Während ein Lämpchen seine Lichtleistung in alle Richtungen verteilt, ergibt sich aus der Bauart der LED schon eine Ausrichtung als Lichtstrahl. Hinzu kommt eine integrierte Linse, die die Energie weiter bündelt. So läßt sich das Auge wesentlich präziser anregen.

Sehen ohne zu schauen

Hauptaufgabe der zielgerichteten Stimulation der Augen ist, den Sehapparat dazu zu bringen, nichts – oder möglichst wenig – zu sehen. Da ist es nicht damit getan, nur die Augen zu schließen und etwa noch eine schwarze Binde anzulegen. Die menschliche Vorrichtung zur visuellen Wahrnehmung besteht ja nicht nur aus dem Auge allein, welches die Energie von außen empfängt, bündelt und verstärkt, sondern bedarf eines neuronalen Netzwerkes, um Daten weiterzuleiten und zu differenzieren wie auch eines Großteils des Gehirns, um die vielfältigen Strukturen zu verarbeiten und wahrnehmbar zu machen.

Der Impuls, die Außenwelt ständig nach Objekten abzusuchen, sie anzuvisieren und diese – sofern bewegt – zu verfolgen, läßt sich im EEG durch eine vorhandene Beta-Gehirnwellenaktivität nachweisen, und beschreibt den Normalzustand des „hungrigen Hirns". Die schwarze Augenbinde nützt daher gar nichts, solange man die flakkernde Unruhe in seinem Bewußtsein nicht abstellen kann. Vielmehr bietet sich so dem Gehirn eine schöne schwarze Projektionsfläche an, auf die es seine eigenen Bilder projizieren kann. Diese schwarze Wand wird nun durch die Lichtimpulse der Brille, welche durch das transparente Augenlid dringen, rhythmisch aufgehellt.

Im Gegensatz zur normalen, im allgemeinen abwechslungsreichen Informationsflut, an die unser Sehapparat gewöhnt ist, fließen die Impulse aus der Brille sehr begrenzt und gleichförmig. An diesen rhythmisch-monotonen Reiz gewöhnt sich das Gehirn sehr schnell, und in der Folge seiner Kontinuität entscheidet sich das unbewußte Nervensystem, daß diese Reizimpulse zur Orientierung nicht weiter von Bedeutung sind. Sie werden nicht mehr auf der bewußten Ebene beachtet und ausgewertet; ja man kann sagen, sie werden vom Bewußtsein einfach ausgeblendet.

Obwohl man, rein physikalisch-medizinisch betrachtet, die Lichtimpulse sieht – denn das Gehirn reagiert auf jeden dieser Impulse – kann man vom psychologischen Standpunkt aus behaupten, daß der Betrachter nichts sieht, denn das Bewußtsein kann sich kein richtiges Bild aus den gegebenen Informationen machen. Unter den von den Lichtimpulsen bedingten Einflüssen kann man in gewissem Sinne immer noch sehen, doch man kann nicht anschauen, was man sieht. Es ist also ein Zustand des Nichtschauens. Dieser Zustand ist in der Wissenschaft unter dem Begriff „*Ganzfeld - Effekt*" bekannt.

Dieses mit Worten nur unzureichend nachvollziehbare Erlebnis taucht den Benutzer, bevor er das Stadium des Nichtschauens erreicht, zunächst in ein kaleidoskopisches Meer von wechselnden Mustern, Farben und Formen. Danach blickt er ins Leere, ja der bewußte visuelle Wahrnehmungssinn verschwindet völlig. Es entsteht ein Zustand, den man auch in tiefer Meditation erreicht. Er wird von vielen Meditationslehrern und Yogis propagiert, da man völlig wach und bewußt sein Dasein erleben und erfahren kann, ohne ständig mit Reaktionen auf die Außenwelt beschäftigt zu sein. Darum erfährt man in diesem Zustand eine wache, bewußte Ruhe, von der viele alltagsgestreßte Menschen nur träumen können.

Ein weiterer Gesichtspunkt für die Entspannung des Sehapparates bei der Benutzung der ORPHEUS-Brille ist, daß die Lichtreize von innen und gleichzeitig von oben kommen. Die Augen versuchen, die Lichtquellen zu orten und verdrehen sich dementsprechend in die gewünschte Richtung. So kommt zu dem Ganzfeld - Effekt die entspannende Ruhestellung der Augen in Richtung zum Ajna-Zentrum, dem dritten Auge.

Synchronisation durch Lichtimpulse, *pulsierend und alternierend*

Ein anderes Konstruktionsmerkmal des Sehapparates ist, daß er zwei geteilte Sehnerven besitzt. Dadurch werden Lichtimpulse, die auf der einen Seite der Netzhaut auftreffen in die eine Gehirnhälfte übertragen, von der anderen Seite dagegen auf die andere Hälfte.

Die LEDs der ORPHEUS-Brille sind achsensymmetrisch zur Innenseite der Augen hin positioniert. Die einen davon liegen genau auf

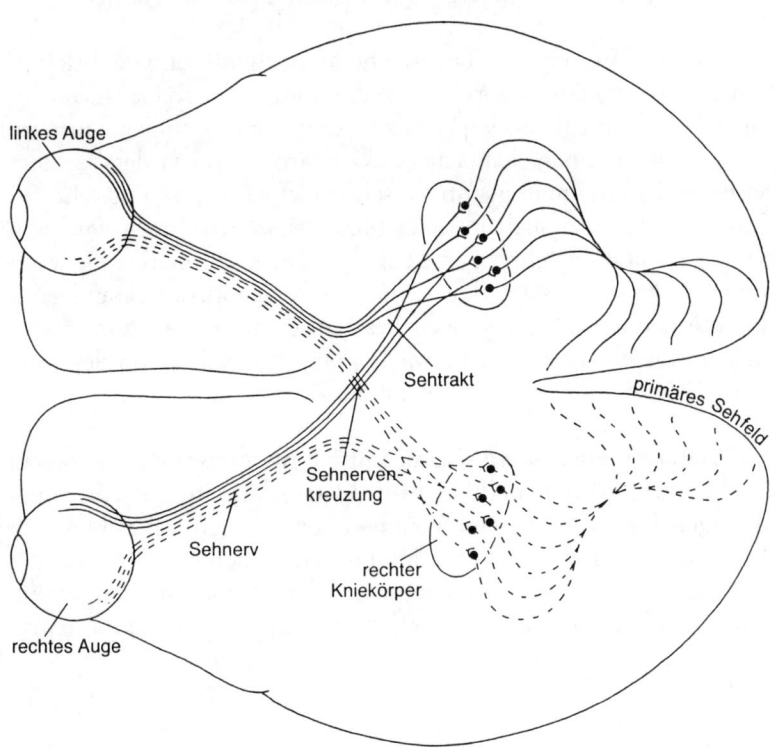

Abb. XV/1

Diese Zeichnung entspricht einem Blick von unten in das Gehirn eines Menschen. Sie skizziert den Weg, auf dem eine visuelle Information ins Gehirn gelangt. Augenfällig an dieser Darstellung des Sehapparates ist, daß jedes Auge über einen zweigeteilten Sehnerv verfügt. Die linken Hälften beider Netzhäute (und damit die rechte Hälfte des Gesichtsfeldes) werden auf das in der linken Hälfte liegende primäre Sehfeld projiziert.

der Horizontalachse der Pupillenstellung, wie sie bei ebener Weitsicht gegeben ist. Die anderen sind etwas höher als diese Horizontalachse und etwas mehr nach innen positioniert. Daher ist auch eine optische Trennung der Gehirnhemisphären möglich: Wenn das Gerät eingeschaltet wird, pulsieren die Lichtquellen der beiden Brillenhälften im gleichen Takt. Es wird jedoch nur die innere und obere Hälfte des Auges gereizt.

So nimmt man stets ein symmetrisches Gesichtsfeld wahr, denn beide Gehirnhälften bekommen zur gleichen Zeit dieselben Informationen zugeführt. Dies ist ein einfacher pulsierender Reiz, der synchron im Gehirn verarbeitet wird. Holistisch (ganzheitlich) gesehen, ist dies ein Paralleleffekt, der beide Gehirnhälften gleichzeitig in gleicher Intensität beansprucht.

Es gibt jedoch eine interessante Variante, die mehr den Verbindungsstrang zwischen den Gehirnhälften beansprucht, da in dieser Alternative die Gehirnhälften abwechslungsweise beansprucht werden. Dies geschieht durch alternierende Lichtimpulse, die abwechslungsweise dem rechten, dann dem linken und dann wieder dem rechten Auge zugeführt werden. Um diesen Effekt zu erreichen gibt es eine Umschaltmöglichkeit (durch gleichzeitiges Drücken beider Helligkeitstasten), die eine Umschaltung der Lichtimpulse von parallel zu alternierend bewirkt. In diesem Modus blinken dann die LEDs in den Brillenhälften abwechselnd.

Die Frequenz der Lichtimpulse der Brille stimmt vollkommen mit dem Pulsieren der Schwebung bei dem jeweils gewählten Ton überein. Dies führt zu einer Verstärkung der wahrgenommenen Signale, denn die neuronalen Netzwerke für die optische, wie auch für die akustische Übermittlung und Verarbeitung pulsieren induktiv im gleichen Takt der zeitlich analogen Reize. Sie arbeiten also weitgehend synchron.

Die Frequenzen der Lichtimpulse

Die Frequenzen der Lichtimpulse sind genau auf die Schwebungen der Tonsignale abgestimmt. Sie werden vom gleichen Chip im gleichen Rechenvorgang gesteuert. In der folgenden Tabelle sind die Lichtimpulsfrequenzen für die Parallel- wie auch für die Altenativschaltung für jedes Auge angegeben. (Alle Angaben in Hertz):

Rhythmus	Parallel	Alternierend
Tag	12,14 Hz	6,07 Hz
Jahr	4,25 Hz	2,13 Hz
Plat. Jahr	2,69 Hz	1,34 Hz

KAPITEL XVI

DAS DRITTE OHR

Hören mit dem dritten Ohr

In der Literatur wurde der Begriff des *dritten Ohres* – wohl in Analogie zum dritten Auge – von *Friedrich Nietzsche* im Vorspiel der Philosophie von der Zukunft „*Jenseits von Gut und Böse*" eingeführt. In dieser, aus neun Hauptwerken bestehenden Schrift, die Nietzsche in Sils Maria, unweit von Sankt Moritz, im Oberengadin – das ist das Tal des jungen Inns im Kanton Graubünden in der Südostschweiz – im Jahre 1885 verfaßte, kann man in einer literaturkritischen Abhandlung folgende Zeilen lesen [1]:

„*Welche Marter sind deutsch geschriebene Bücher für den, der das* dritte Ohr *hat! Wie unwillig steht er neben dem langsam sich drehenden Sumpfe von Klängen ohne Klang, von Rhythmen ohne Tanz, welcher bei Deutschen ein »Buch« genannt wird!*"

Für Nietzsche ist das *dritte Ohr* jenes sensible Organ, das einem den Blick – authentisch müßte man sagen, den „Horch" – hinter die Kulissen gewährt. Wer in sich das *dritte Ohr* entfaltet, nimmt einfach etwas mehr und intensiver wahr, als der sogenannte Durchschnittsbürger.

In der Psychologie wurde der Begriff des *dritten Ohres* Ende der vierziger Jahre von dem Psychoanalytiker *Theodor Reik* als fester Fachbegriff eingeführt. Theodor Reik wurde 1888 in Wien geboren, wandte sich um 1910, angeregt durch Freuds „Traumdeutung" und den Kontakt mit Freud, der Psychoanalyse zu. Er wurde so einer der ersten und engsten Schüler Freuds. Von 1918 bis 1934 arbeitete er zusammen mit Hans Sachs und Otto Rank an den psychoanalytischen

Instituten von Wien und Berlin. 1934 floh er nach Holland, 1938 in die USA. Seine Bücher wurden in Deutschland verboten und sind erst in den letzten Jahren in deutscher Sprache wieder aufgelegt worden.

Im Jahre 1948 veröffentlichte er in New York ein vielbeachtetes Buch „*Listening with the Third Ear*", das in deutsch unter dem Titel „*Hören mit dem dritten Ohr*" im Verlag Hoffmann und Campe im Jahre 1976 erschienen ist [2]. Im elften Kapitel, das den Titel „*Das dritte Ohr*" trägt, schreibt Reik [3]:

„*Der Psychoanalytiker muß lernen, wie einer zum andern ohne Worte spricht, er muß lernen, mit »dem dritten Ohr« zu hören. Es stimmt nicht, daß man schreien muß, um verstanden zu werden. Wenn man gehört werden will, dann flüstert man.*"

Ähnlich verhält es sich mit den Schwebungen, die durch die Frequenzunterschiede der durch beide Ohren vernommenen Töne entstehen. Sie müssen nicht laut gehört werden. Ihre Wirkung ist auch bei sehr leisem Hören voll gewährleistet. Wesentlich dabei ist, daß der Hörende nicht feststellen kann, daß der eine Ton höher ist als der andere. Er vernimmt einen Zusammenklang, der lauter und leiser wird und zudem hin und her durch den Kopf wandert. Der Hörer der Tonsignale aus dem ORPHEUS-Gerät hat nicht das Gefühl, mit den Ohren zu hören, sondern der Klang wandert durch den Kopf. Er hört sozusagen nicht ortsgebunden, sondern in einer neuen Dimension – und diese Dimension entspricht dem *dritten Ohr*. Der Klang wandert durch verschiedene Bewußtseinssphären, die mit dem Verstand praktisch nicht lokalisierbar sind.

Das Wort ward Fleisch und wohnte unter uns

Wohl jeder, der durch eine christlichen Schule gegangen ist, kennt diesen Spruch aus dem Beginn des Johannesevangeliums (Vers 14).

Für viele ist dieser Spruch vielleicht zuerst kaum verständlich, doch wenn man länger über diesen kurzen Ausspruch des Evangelisten Johannes meditiert, ist man vielleicht weniger über diesen Spruch erstaunt, sondern sieht in ihm eine innewohnende Aussage, die auf einmal klar und gut nachvollziehbar erlebt werden kann.

Was den Juden und Christen der Logos ist, ist den Hindi und Buddhisten die Urschwingung. Beide Begriffe stehen für den schöpferischen Prozeß im Universum. (*Universum* setzt sich zusammen aus den Wörtern *uni*, was soviel bedeutet wie das Eine und *versum*, was nichts anderes heißt als die Rückseite, die Kehrseite. So kann man *Universum* als die „*Kehrseite des All-Einen*" bezeichnen).

Resoniert nun eine kosmische Schwingung in einem selbst, dann ist man mit dieser schöpferischen Schwingung verbunden – ja man wird selbst, als Resonanzkörper oder Reflektor, zu dieser Schwingung. Es schwingt das eigene Fleisch in der Schwingung des Kosmos. So wird der Körper zum Resonator der urkosmischen Schwingungen. Man kann erleben, was es bedeutet, Eins zu sein mit dem All, oder anders ausgedrückt, wenn man mit dem Urlaut der Schöpfung selbst verschmilzt.

Die Schwingungen des ORPHEUS sind eine Art „Katalysator", um diesen Zustand des „*Eins-Sein*" mit dem All zu erreichen und zu erleben.

Abb. XVI/1
Der Mensch schwingt im Kosmos
Visualisationsbild einer tantrischen Sekte; Tibet, spätes 18. Jhdt.

KAPITEL XVII

SET UND SETTING

Begriffsdefinition

Die Begriffe *Set* und *Setting* hat der amerikanische Bewußtseinsforscher und Professor an der Harvard Universität *Timothy Leary* in seinem Buch „*Politik der Ekstase*" [1] vorgestellt und so als Fachwörter für die Beschreibung der Gestaltung von psychotherapeutischen und psychedelischen Sitzungen eingeführt. In erster Linie prägte Leary diese Ausdrücke für die Vorbereitung einer psychedelischen Sitzung mit bewußtseinserweiternden Drogen, doch bald wurde auch in der klassischen Psychotherapie, wie auch bei verschiedensten Meditationen, von *Set* und *Setting* gesprochen.

Set und *Setting* sind die Elemente, die für eine Bewußtseins verändernde Aktion den Rahmen bilden und die günstigste Umgebung dafür schaffen. Dies betrifft genauso den Raum und seine Einrichtung (Setting), in der die Aktion stattfindet, wie auch die Auswahl der anwesenden Personen und die persönliche Einstellung (Set). Je optimaler das Set und Setting ausgewählt und ausgestaltet sind, desto günstiger ist die Voraussetzung für eine erfolgreiche und befriedigende Sitzung. *Johannes Holler* bezeichnet in seinem Buch „*Das neue Gehirn*" [2] das Setting für eine Sitzung mit einer Brain-Machine als „*das richtige Handwerkzeug*" wie auch als die „*Umgebung, die Einfluß auf das geistige Wohlbefinden nimmt*" und das Set als die „*entsprechende Einstellung*" und die „*gedankliche und geistige Voraussetzung sowie Erwartung, die jemand dazu mitbringt*" .

Die Idee, die diesen Begriffen zugrunde liegt ist, daß die Beeinflussung der Person durch Umweltreize erfaßt und determiniert werden sollte. Prof. Leary hatte seinerzeit im Rahmen seiner Experimente mit psychedelischen Substanzen Neuland betreten, da zum Beispiel die Wirkungen von LSD auf das Bewußtsein seinerzeit fast völlig unerforscht waren. Er bemerkte, daß die Effekte der Droge, je nach äußeren Einflüssen, bei dem selben Probanden völlig unterschiedlich ausfallen konnten.

Hieraus ergab sich die Notwendigkeit, die Anzahl der möglichen Faktoren genau zu prüfen und festzulegen, um eine gezielte Wahrnehmungsveränderung zu erreichen. Die gleichen Voraussetzungen sollten demzufolge auch für andere Arten der Bewußtseinsbeeinflussung gelten. So wird eine willkürliche Bombardierung der Sinne mit einem optischen und akustischen Trommelfeuer aus der Mind-Machine, den Probanden eher auf einen Horrortrip führen als in einen angenehmen Zustand.

Eine wohlüberlegte und klar bestimmte Auswahl der zugeführten Signale, wie auch die Vermeidung jeglicher Reizüberflutung, ist die Voraussetzung für einen erfolgreichen Einsatz äußerer Stimulantien. Eine Überdosis führt immer zu einer reagierenden, passiven Rolle gegenüber der durch die Stimulation bewirkten Situation, oder zu einer übersteigerten aggressiven Abwehrhaltung, dadurch ist ein kreatives Ausgestalten derselben kaum vorstellbar.

Chaotisches Set und Setting

Die Bedeutung von Set und Setting soll hier an einem Negativbeispiel vorgeführt werden. Dieses Beispiel basiert auf einer Erfahrung, die anläßlich der Frankfurter Buchmesse von den Autoren erlebt wurde. Es soll hier damit aufgezeigt werden, was man in einer kurzen Sitzung alles falsch machen und wie man eine an sich gute technische Innovation durch unausgereifte Produkte und deren unachtsame Anwendung in Minutenschnelle in Verruf bringen kann. Die Namen von Fabrikaten und beteiligten Personen wurden teilweise verändert.

Kapitel XVII — Set und Setting

Wir, Matthias Pauschel und Hans Cousto, schlendern durch das Gedränge in den Gängen der Frankfurter Buchmesse und bleiben am Stand eines im ganzen Land bekannten Vertreibers von Mind-Machines stehen. Er bemerkt unsere Aufmerksamkeit und lädt uns zu einer Probesitzung ein. Dabei stellt er sich uns als Dr. Unhold Großbock vor, seiner Aussage nach „Meditationsexperte" und Sachbuchautor (er publizierte im Eigenverlag ein Taschenbuch – bunt aufgemacht – zum Thema Chaos und Bewußtsein).

Nachdem Dr. Unhold Großbock uns die Vorzüge der Technik im Allgemeinen und seines Gerätes „Brain–Turbo ®" im Besonderen, angepriesen hatte, durften wir es uns auf einer Liege bequem machen und bekamen Kopfhörer und Brille aufgesetzt. Zu einer sanften New-Age-Meditationsmusik hörten wir piepsende und brummende Töne und derweil blinkte es vor den Augen.

Die Entspannung wollte sich jedoch nicht einstellen, da das Erlebnis irritierte und nervte, also eher Streß verursachte, als daß es faszinierend und erfreulich wirkte. Lange war das nicht auszuhalten. Die Musik drang völlig disharmonisch zu den Klangsignalen der Mind-Machine in unsere Ohren; des weiteren waren die Rhythmen der Musik nicht zur Impulsfrequenz der Maschine koordiniert und schließlich konnten die Augen sich nicht entspannen, da die Lichtsignale die Augenposition stets in Spannung hielten. Als wir die Sitzung nach nur kurzer Zeit abbrachen, da es uns wirklich zu viel wurde, bemerkte Dr. Großbock unser Unbehagen: Er ließ jedoch keinerlei Einwände unsererseits gelten, sondern meinte unwirsch, „... ein innerer Widerstand sei ja am Anfang immer der Fall, man müsse sich eben in die Meditation zwingen..."

Nun ist es tatsächlich so, daß auch solche Geräte, wie der „Brain–Turbo ®", trotz erheblicher konzeptioneller und qualitativer Mängel, eine entspannende Auswirkung auf das Bewußtsein haben können. Dies läßt sich durch das Phänomen erklären, daß das Gehirn sich bei einer systematischen Reizüberflutung irgendwann aus dem äußeren

Wahrnehmungsprozeß ausblendet, was auch im EEG nachweisbar ist. Die Fülle der Informationen überlasten das Nervensystem und das die Signale verarbeitende Zentralorgan. So kommt es im Gehirn zu einem Erschöpfungszustand. In diesem Zustand werden, durch den Abwehrmechanismus bedingt, kaum noch Reize verarbeitet. Das Gehirn kann sich somit partiell erholen und man empfindet eine Art Entspannung.

Entspannung durch Erschöpfung herbeizuführen, das kann nicht das Leitmotiv einer konstruktiven psychophysischen Entfaltung mittels Induktion von optisch-akustischen Sequenzen von Reizimpulsen sein. Die stetige Folge der Reize sollte vielmehr das Gehirn zu einer harmonischen Resonanz anregen. Darum sind die Reize gezielt und sparsam einzusetzen, so daß ihre Wahrnehmung angenehm ist und sie vom Nervensystem leicht zu verarbeiten sind. Das ist wie mit Yogaübungen – man soll sich dabei wohl fühlen und wenn die eine oder andere Stellung Schmerzen oder Muskelverkrampfungen auslöst, dann sollte man die Übung abbrechen und sich anderen, nicht so strapaziösen Übungen zuwenden.

Zwang und Meditation stehen einander diametral gegenüber. Will man sich etwas gutes antun (lassen), so hilft eher eine sanfte, angenehme Verführung, aber in keinem Fall brutale Vergewaltigung.

Wissen und Urvertrauen

Eine Mind-Machine zu gebrauchen bedeutet, sich den Schwingungen und Impulsen eines technischen Instrumentes nicht nur auszusetzen, sondern auch anzuvertrauen und sich ihnen hinzugeben. Eine gute Portion Urvertrauen ist dafür von Nöten, wie auch eine Umgebung, in der man ungestört durch die Tiefen der eigenen Seele wandern kann.

Rational denkende Menschen müssen, um das Urvertrauen zulassen zu können, die Möglichkeit haben, jede Funktion und jede Information, die die Maschine vermittelt, logisch nachzuvollziehen und zu verstehen. Darum muß jede Funktion dieses Kunstproduktes in einer klar verständlichen Sprache dem Benutzer vermittelt und das technische „Innenleben" voll und ganz in transparenter Form erklärt und erläutert werden. Eine Mind-Machine ist keine geheimnisvolle „Black-Box", die irgendwelche Wunder bewirkt, sondern ein Instrument, das eine klar vordefinierte Funktion hat. Je genauer die einzelnen Grundmuster, die die Mind-Machine erzeugt, beschrieben und dargestellt werden können, desto genauer weiß der Benutzer, was auf ihn zukommt.

Das Abrufen eines Programmes einer Mind-Machine darf kein Lotteriespiel sein. Nicht die Anzahl der zur Auswahl stehenden Programme zeichnen die Qualität einer Mind-Machine aus, sondern die klare Determinierung der empirisch und wissenschaftlich erforschten Kriterien, die die Wirkweise der einzelnen abrufbaren Programme ausmachen. Nur so weiß der Benutzer, auf was er sich einläßt, und das ist sehr wichtig, denn es geht um sehr elementare Dinge: Induktionen und Einwirkungen auf das primäre menschliche Steuerungsorgan, das Gehirn.

Die Qualität der Transparenz von Soft- und Hardware einer Mind-Maschine ist ein wesentlicher Punkt, der dem Bereich des *Set* zuzuordnen ist.

„Urtöne" erzeugen Urvertrauen

In dieser Beziehung ist die Konzeption des Gerätes ORPHEUS völlig verschieden von sämtlichen anderen Entwicklungen auf dem Gebiet der optisch-akustischen Mind-Machines: Die Induktion des Gehirns erfolgt auf die denkbar minimalste und klarste Art und Weise.

Es gilt: So wenig wie möglich, aber so viel wie nötig. Durch den ausschließlichen Gebrauch der Orphischen Töne, den fundamentalen

Frequenzen unserer Natur, kann die akustische Stimulation auf das Minimum der Wahrnehmung eines einzigen Klanges reduziert werden. ORPHEUS generiert reine Sinustöne, von denen der Fachmann weiß, daß sie einen speziellen Informationsgehalt haben. Eine Sinusschwingung, als Ableitung vom Kreis, enthält im Gegensatz zu allen anderen Wellenformen keine Obertöne; auch hier ist die Information die minimalste. Das Gegenteil von Minimalinformation ist Redundanz.

Eine Mehrfachinformation des Hörapparates würde jedoch bereits vorliegen, wenn beide Ohren mit dem gleichen Sinuston beschallt würden. Daher werden, wie bereits im Kapitel XIV „Frequenz-Folge-Reaktionen" genau dargestellt, dem linken und rechten Ohr unterschiedliche Frequenzen zugeführt, die als ein lebendiges Auf- und Abschwellen eines Tones, Schwebung genannt, wahrgenommen werden. Weiter sind Impulsfrequenz und Tonhöhe der Maschine genau harmonisch aufeinander abgestimmt, so daß ein Synergieeffekt von Klang und Rhythmus entsteht.

Es soll an dieser Stelle nicht unerwähnt bleiben, daß ORPHEUS eine vollständige optisch-akustische Minimalinformation bietet, wenn die Lichtsignale der Brille alternierend, das heißt links und rechts abwechselnd, aufleuchten.

Kosmisches Set und Setting

Den Liebhabern redundanter Wahrnehmung, die keinen Streß auslöst, sondern dem harmonischen Einklang förderlich ist, bieten sich unbegrenzt viele Möglichkeiten an, denn ORPHEUS ist ein Basisinstrument eines klaren, in sich harmonikal abgestimmten Konzeptes. Will man zum Beispiel eine Musik bei der Sitzung im Hintergrund hören, dann ist es notwendig, daß diese genau auf die Tonfrequenzen der Signale der Mind-Machine eingestimmt ist.

Egal, ob man sich mit dem Tageston stimulieren will oder mit dem Jahreston entspannen oder auch mittels des Tones des Platonischen Jahres etwas mehr Klarheit im eigenen Geiste verschaffen möchte, zu jedem der drei Töne gibt es eine Musik, die Hertz für Hertz frequenzgenau auf diese Grundtöne der Erde eingestimmt ist. Auch der Rhythmus, der dieser Musik zugrundeliegt, ist harmonikal auf diese Grundfrequenzen abgestimmt.

So kann man zum Beispiel – das hat sich in einer ganzen Reihe von Versuchen sehr gut bewährt – von der CD „*Klänge Bilder Welten – Musik im Einklang mit der Natur*" von *Steve Schroyder* und *Hans Cousto*[3], die Musik auf der Jahrestonstimmung „*Tide of Seasons*" anhören und dabei den ORPHEUS auf die entsprechende Stimmung einstellen (Jahreston). Musik, Tonsignale aus dem Kopfhörer und Schwebungsmuster stimmen ganz genau harmonikal überein und der Synergieeffekt der angewendeten Klangmuster steigert sich, wie bei einem gut gestimmten Klavier, wenn mit heruntergedrücktem Pedal die Schwingung einer Saite sich auf andere Saiten überträgt und das ganze Klavier zu resonieren beginnt.

Es ist darum ratsam, wenn man von einer Mind-Machine wirklich profitieren will, zuerst die harmonikalen und physikalisch-akustischen Eigenschaften des Gerätes zu begutachten und sich nur Geräten anzuvertrauen, die eine „harmonikal-kosmische" Ordnung gewährleisten. Dann wird die Person durch die Anwendung dieses Gerätes selbst in dieser Ordnung mitgetragen. Ist das Konzept jedoch willkürlich oder chaotisch (wie weiter oben beschrieben), dann tragen einen die Geräte in eine Welt der Willkür und des Chaos.

Gestaltung des Set und Setting

Entspannung und innere Ruhe, das fehlt den meisten Abendländern, und genau das kann man mit Hilfe einer gut funktionierenden und genau gestimmten Mind-Machine recht schnell erreichen. Jedoch

Kapitel XVII — Set und Setting

Abb. XVII/1

Beispiel für gutes Setting

Kapitel XVII — Set und Setting

muß darum auch das Ambiente, in der man die Sitzung vornimmt, entsprechend sein. So ist vorher dafür zu sorgen, daß man während der Sitzung nicht gestört wird (Anrufbeantworter anschalten, Klingel ausschalten, Mitbewohner informieren etc.).

Dann suche man sich einen bequemen Platz, sei es ein Sessel oder ein Bett oder auch ein schöner Teppich, das ist völlig egal. Man sollte sich auf alle Fälle an diesem Ort wohl fühlen. Zum Einstimmen kann man dann die entsprechende Musik auflegen und vielleicht einen erfrischenden Saft oder blumig duftenden Tee – andere mögen vielleicht lieber ein würziges Bier oder einen trockenen Weißwein – trinken und so einen Abstand vom Alltagsstreß gewinnen.

Nun ist man reif für eine Sitzung mit der Mind-Machine. Ängstlichen Menschen sei hier empfohlen, eine Begleitperson mit in die Sitzung einzubeziehen, die bei Bedarf einem etwas zu trinken reichen kann oder ein paar gute Worte zusprechen. Dabei sollten möglichst Menschen ausgewählt werden, zu denen man Vertrauen hat und die man mag und die einem vor allem auch wohlgesonnen sind.

Erfahrene Menschen, die sich mit Meditationen und Mind-Machines auskennen, oder die vielleicht auch schon verschiedene psychedelisch wirkende Moleküle ausprobiert haben und dabei gute Erfahrungen sammeln konnten und dadurch eine gewisse psycho-physische Stabilität erlangten, können natürlich die Sitzungen ohne weiteres auch alleine machen.

Bei den ersten Sitzungen wird man allgemein noch nicht sofort eine intensive Erfahrung machen. Erst nach fünf bis zehn Minuten stellt sich ein gewisser Effekt ein. Gebraucht man sein Gerät jedoch häufiger, dann wird man feststellen können, daß die Wirkungen immer schneller eintreten und man die Anwendungszeiten verkürzen kann. Dies ist die Folge eines ganz natürlichen, zumeist unbewußten, Lernprozesses.

Anfänglich sollte man die Mind-Machine etwa 20 bis 30 Minuten auf sich wirken lassen, jedoch nie länger, als einem gerade angenehm ist. Jeder Mensch reagiert unterschiedlich und keiner sollte sich irgendeinen Zwang antun. Man wendet solche Instrumente an, um sich wohl und fit zu fühlen, vielleicht auch um Schmerzen zu lindern oder besser einschlafen zu können, aber niemals, weil man „*muß*".

Gewisse publizistisch engagierte Propheten des „New-Age" wollen einem stets einreden, daß man dieses und jenes „*muß*", so zum Beispiel „*muß man*" das Gehirn auf Höchstleistung trimmen um Erfolg zu haben und Schritt halten zu können mit dem Fortschritt, oder „*man muß*" mental fit sein, um eine enorme Reizüberflutung zu bewältigen, um so im harten Konkurrenzkampf der Karrieristen Schritt halten zu können. Es gibt keinen Grund, sich von solchen Sprücheklopfern etwas einreden zu lassen und sich genötigt zu fühlen sich zu irgend etwas zu zwingen – das eigene Gefühl und die eigene Empfindung sind für jeden einzelnen Maßstab aller Dinge!

ANHANG I

ORPHEUS – DAS INSTRUMENT

Technische Realisierung

Das erste Medium, das im Sinne der „Kosmischen Oktave" geschaffen wurde, waren spezielle Stimmgabeln. Cousto ließ diese planetarischen Stimmgabeln ab Ende der 70-er Jahre nach seinen auf der Basis astronomischer Beobachtungsdaten berechneten Frequenzen fertigen, um die konkreten Wirkungen zu erproben. Die ersten, die hörten, welche Entwicklungsmöglichkeiten diese Grundtöne boten, waren Musiker. Sie stimmten ihre Instrumente mit Hilfe dieser Gabeln auf die Rhythmen der Natur ein.

In der Folge probierten andere Menschen, die Schwingungen der planetarischen Stimmgabeln für ihre Meditation zu nutzen, indem sie dieselben auf den Kopf (Scheitelchakra) oder das Brustbein (Herzchakra) hielten und den Ton in sich vibrieren und resonieren fühlten.

Mit der Zeit entdeckten auch immer mehr Ärzte und Heilpraktiker, wie auch Masseure und Physiotherapeuten, daß die Resonanz der Schwingungen über die Akupunkturpunkte (das chinesische System der Energiemeridiane) eine deutliche Wirkung zeigte. So wurden im vergangenen Jahrzehnt diverse Einsatzmöglichkeiten für die Töne der *Kosmischen Oktave* gefunden – einige wurden ja auch in diesem Buch bereits erwähnt – und damit die Richtigkeit von Coustos Überlegungen bestätigt.

Ein gravierender Nachteil von Stimmgabeln liegt darin, daß sie, abhängig von ihrer Größe, nur eine kurze Zeit schwingen und danach wieder neu angeschlagen werden müssen. Für den gerade in der

Meditation Versunkenen bedeutet dies eine unangenehme Unterbrechung seines kontemplativen Prozesses. So entstand die Idee, ein optimales Instrument der persönlichen Einstimmung zu konstruieren. Leitbild war das aus der Antike überlieferte Gewahrwerden der *Sphärenharmonien*, eines Klanges, der „einfach im Raum steht".

Daher standen folgende Erwägungen im Vordergrund:

- Erzeugung eines reinen Sinus- Klangbildes, analog einer Stimmgabel, als dem natürlich - organischen Ausdruck von zyklischen Prozessen

- absolute Genauigkeit der Frequenzen

- hoher Geräuschspannungsabstand, d.h. es sollen keine Nebengeräusche wie Knacken, Brummen oder Rauschen zu hören sein

Zur Verstärkung der Stimulation wurden nicht nur die planetarischen Grundtöne in das Konzept des Instrumentes ORPHEUS aufgenommen, sondern vor allem die bereits ausführlich beschriebenen Techniken der oktavanalogen Schwebungen (Hemi-Sync). Diese sind im Kapitel XIV „Frequenz-Folge-Reaktionen" detailliert beschrieben. Zur Verstärkung der auditiven Wahrnehmung wurde für den visuellen Bereich eine schwebungsanaloge simultane Anregung des Sehapparates durch Lichtreize in das Konzept miteinbezogen.

Ein wesentlicher Leitgedanke war, auch die räumliche Unabhängigkeit zu gewährleisten. Es sollte auf jeden Fall möglich sein, fern ab von aller Zivilisation, das heißt ohne in der Nähe einer Steckdose zu sein – zum Beispiel auf einem Berggipfel oder während des Joggens (ohne Brille) – den Stimulus genießen zu können. Das Gerät mußte also robust, kompakt und so leicht wie möglich sein, batteriebetrieben funktionieren und dennoch über Stunden den Benutzern non stop funktionsfähig zur Verfügung stehen können.

Die Entwicklung eines solchen Gerätes ist immer mit erheblichen technischen Problemen verbunden. Akkus beanspruchen zwar eine Menge Platz und wiegen viel, doch aus Gründen des Umweltschutzes kamen nur wiederaufladbare Akkus in den Erwägungen vor, obwohl diese über eine geringere Ladungskapazität als die Wegwerf- Batterien verfügen. Ein weiterer Nachteil der wiederaufladbaren Akkus liegt darin, daß sie auf Dauer einer bestimmten Pflege bedürfen und überladen werden können. Berücksichtigt man diese Faktoren nicht, dann verkürzt sich die Lebensdauer der Akkus.

Obwohl im ORPHEUS eine intelligente Schaltung zur Steuerung des Ladevorganges eingebaut ist, sei an dieser Stelle darauf hingewiesen, daß die Akkus wesentlich länger halten, wenn sie etwa alle zwei bis drei Monate einmal völlig leergebraucht werden und erst dann wieder neu geladen. So bleibt die sogenannte Dimensionierung der Akkus erhalten.

So gab es noch viele andere kleinere Details, die sich im Laufe der Entwicklungszeit als Problem herausstellten und für die eine ausgewogene und vernünftige, und dazu noch kostengünstige Lösung entwickelt werden mußte. Diese Dinge werden übrigens nicht erwähnt, weil die Autoren und Konstrukteure eitle Kerle sind, sondern weil es einige Leute gibt, die auch gerne wissen, was bei einer Entwicklung eines neuartigen Gerätes so alles bedacht werden muß und wie ein solches technisches Gerät funktioniert.

In unserer entmythologisierten Welt gibt es ja immer noch Zeitgenossen, die ein geradezu kultisches Verhältnis zu einem technischen Produkt entwickeln. Man denke da nicht nur an schnelle Sportwagen, elegante Cabriolets und luxuriöse Limousinen, auch Computermarken haben ihre „Fangemeinde" und werden zuweilen mehr nach emotionellen als nach kritischen und logischen Kriterien beurteilt. Die folgenden Abschnitte vermitteln ein paar grundlegende Informationen über das Innenleben des ORPHEUS, so daß jeder technisch interessierte Leser sich ein Bild vom Aufbau dieses Gerätes machen kann. Man kann ORPHEUS auch beruhigt benutzen, ohne seine technischen Spezifikationen zu kennen, genauso wie man nicht wissen muß, wie ein CD-Player oder ein Stereoverstärker elektronisch aufgebaut ist oder warum er funktioniert, um in den Genuß seiner Funktionen zu gelangen. Es genügt, die entsprechenden Gebrauchsanweisungen zu lesen, und dann kann man die Geräte bedienen. Genauso ist es mit ORPHEUS – wen die Technik nicht interessiert, der kann sofort zum Abschnitt „Bedienungsanleitung" weiterblättern.

Über ASIC, C-MOS und SMD

Im vorangegangenen Abschnitt wurden ein paar leichtverständliche Grundgedanken zu den Kriterien einer „optimalen technischen Entwicklung" aufgeführt. So zeigte sich das Gebot einer stromsparenden Konstruktion. Nur dank dem technologischen Fortschritt der letzten Jahre war es überhaupt möglich, dieses Projekt zu realisieren, denn mit herkömmlichen Bauteilen wie Radioröhren, ja selbst mit Transistoren, wäre eine vernünftige Umsetzung dieser Idee nicht möglich gewesen.

So wurde, wo irgend möglich, auf den allerneusten technologischen Stand zurückgegriffen, wie zum Beispiel auf den Einsatz sogenannter C-MOS Komponenten. C-MOS steht für: *Complementary Metal Oxide Semiconductor*. Ein Semiconductor ist ein Halbleiter, das heißt ein Teil, das den Strom nur in einer einzigen Richtung fließen läßt, in der anderen Richtung jedoch wie ein Isolator wirkt. Die neueren Metall-Oxyd-Halbleiter werden nach einer Methode gebaut, bei der die logische Funktion einer Schaltung in Wirklichkeit doppelt vorhanden ist. Dabei ist die zweite Version der Schaltung logisch invers zur ersten. Durch diese Technik benötigt man zwar annähernd doppelt so viele Transistoren (die grundlegenden Komponenten von ICs) als bei älteren Technologien, dafür verbrauchen CMOS Schaltungen aber wesentlich weniger Strom.

Darüber hinaus mußten die Bauteile – damit das Gerät auf kleinstem Raum viele Funktionen präzise ausführen kann – auch noch in SMD ausgeführt sein. SMD (*Surface Mounted Devices*) bedeutet, daß die Bauteile besonders klein sind und keine Beinchen zum Anlöten haben, sondern direkt auf die Platine aufgelötet werden. Dadurch konnte das Gerät mit zwei beidseitig bestückten Platinen auf engstem Raum von etwa 80 Kubikzentimeter (7,5 x 5,5 x 2) ausgerüstet werden.

Das Herzstück der Maschine ist jedoch ein eigens konstruierter Mikrochip (ASIC = *Application Specific Integrated Circuit*) der große Bereiche der Logik steuert und der vor allem für die Erzeugung der genauen Frequenzen unverzichtbar ist. Ein ASIC ist ein Chip für eine ganz spezielle Anwendung, im Gegensatz zu den Standard-Chips, die für verschiedene Aufgaben gebrauchsfähig und einsetzbar sind.

Quarze und der ORPHEUS - Chip

ORPHEUS funktioniert im Prinzip ähnlich wie eine Quarz- Uhr: Die große Ganggenauigkeit des Zeitmessers wird erreicht, indem man dem Taktgeber ein sehr hoch schwingendes Medium zugrundelegt – einen Quarzkristall.

Schwingt ein Quarz in der Frequenz von 5 (Megahertz), so bedeutet das, daß er fünf Millionen mal in der Sekunde seinen Zustand ändert. Jede Zustandsänderung löst einen kleinen Impuls aus, der gemessen und zur Steuerung von Schaltungen genutzt werden kann. Nun wird für eine Uhr mit Sekundenanzeige, nur jeder fünfmillionste Impuls benötigt, um die Uhr in Gang zu halten. Um diese Auslese zu treffen, bildet man sogenannte Teilerketten, die nur jeden fünfmillionsten Impuls durchlassen. Die anderen Impulse werden für die Steuerung des Uhrwerkes nicht benötigt und darum auch nicht zur Auswertung an das Uhrwerk weitergeleitet.

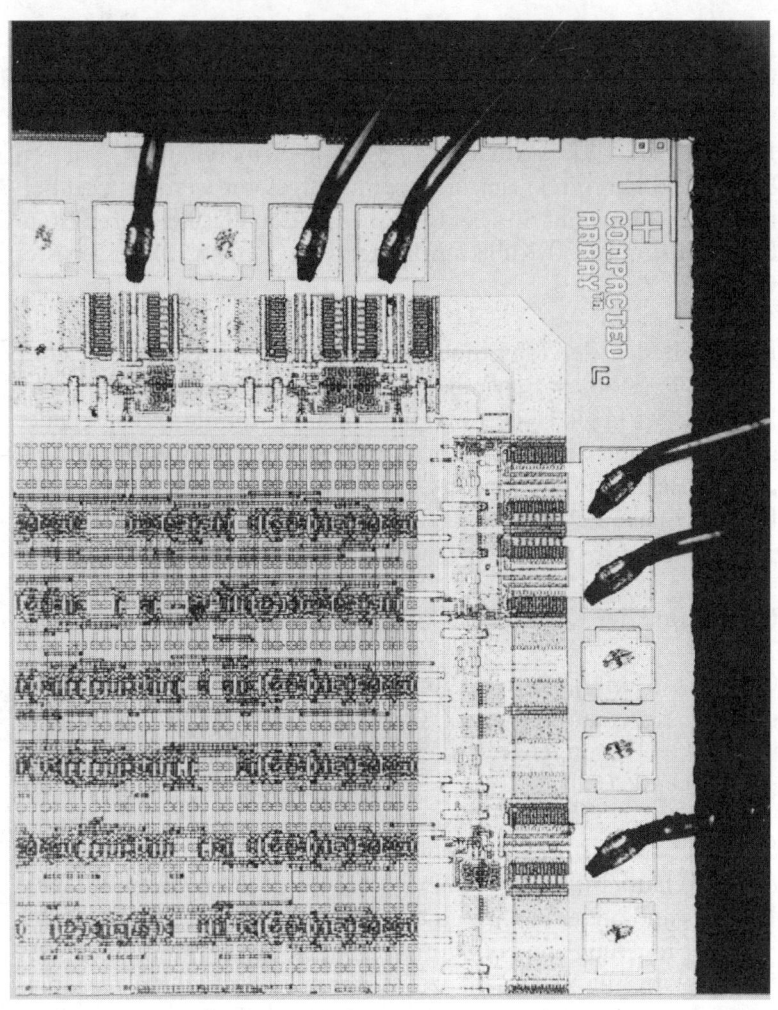

Abb. A I / 1

Makroaufnahme des ORPHEUS-Chips (Ausschnitt)

Anhang I ORPHEUS – *Das Instrument*

Ja nach Gestaltung der Teilerketten ist es möglich, ganz verschiedene Zeitimpulse zu erzeugen. Bildet man zum Beispiel eine Teilerkette der Größe 500 000, das heißt, man teilt fünf MHz durch eine halbe Million, so erhält man eine Frequenz von 10 Hz, was der Zeitspanne einer Zehntelsekunde entspricht.

Quarze sind nie absolut genau. Hat ein Quarz einen maximalen Fehler, bedingt durch die Schwankungsbreite der Ganggenauigkeit, von 50 ppm (parts per million), so bedeutet diese Angabe, daß der Hersteller garantiert, daß der Quarz zwischen 4,99995 MHz und 5,00005 MHz schwingt. Je länger die Teilerkette ist, durch die die Frequenz des Quarzes geteilt wird, desto weniger fällt die absolute Größe der Abweichung ins Gewicht, da ja auch diese durch die Teilerkette heruntergeteilt wird. Im ORPHEUS-Gerät befindet sich ein Quarz, der wesentlich genauer ist als die in Quarzuhren. Er hat eine Ungenauigkeit von 10 ppm im Mittel und 20 ppm im schlechtesten Fall, dies allerdings nur bei circa minus 80 Grad Celsius am Südpol.

Der Präzisionsquarz generiert die Grundschwingung, der ORPHEUS-Chip siebt die gewünschten Impulse aus dieser Frequenz heraus, welche dann an weitere Steuerfunktionen des ORPHEUS-Chip wie auch an andere elektronische Bauteile weitergeleitet werden. In diesem Prozeß werden aus den einzelnen Impulsen saubere Sinusschwingungen erzeugt und hernach verstärkt. So produziert ORPHEUS die ausgesuchten Frequenzen und Schwebungen, die genau den Tönen der Erde entsprechen, mit einer Abweichung von unter einem hundertstel Hertz. Diese Genauigkeit erreicht man mit keiner Stimmgabel und die Abweichungen sind weit jenseits der physiologischen Wahrnehmungsgrenze.

Der ORPHEUS-Chip ist nicht nur für die Generierung der Frequenzen verantwortlich, er enthält auch die gesamten Logikschaltungen, die für den komfortablen Betrieb des Gerätes erforderlich sind. Der

ORPHEUS–Chip sowie zwölf weitere logische Bausteine integrieren in sich diverse Schaltkreise in platz- und energiesparender Form. Selbst für das oben erwähnte Problem der Akkus gibt es einen speziellen IC (*Integrated Circuit* = *integrierter Schaltkreis*), der eine möglichst schnelle und schonende Aufladung ermöglicht.

BEDIENUNGSANLEITUNG

1. Bedienelemente und Anzeigen

❶ Zum Umschalten auf die Wiedergabe des Tagestones auf diese Taste drücken.
Beim Einschalten des Gerätes ist dieser Ton eingestellt.

❷ Zum Umschalten auf die Wiedergabe des Jahrestones auf diese Taste drücken.

❸ Zum Umschalten auf die Wiedergabe des Tones des Platonischen Jahres auf diese Taste drücken.

❹ Schiebeschalter zum Einschalten des Gerätes. Nach dem Einschalten befindet sich das Gerät im Tageston-Modus; die Lautstärke steht auf 15%, die Brillenhelligkeit auf 50% des jeweiligen Maximalwertes.

❺ Kombinierte LED–Anzeige (rot)

a) Ist das Gerät an ein Netzteil angeschlossen, so leuchtet diese Anzeige.
b) Ist das Gerät nicht an ein Netzteil angeschlossen, so leuchtet diese Anzeige, sobald die Akkuspannung unter den zulässigen Minimalwert absinkt.

Anhang I ORPHEUS – Das Instrument

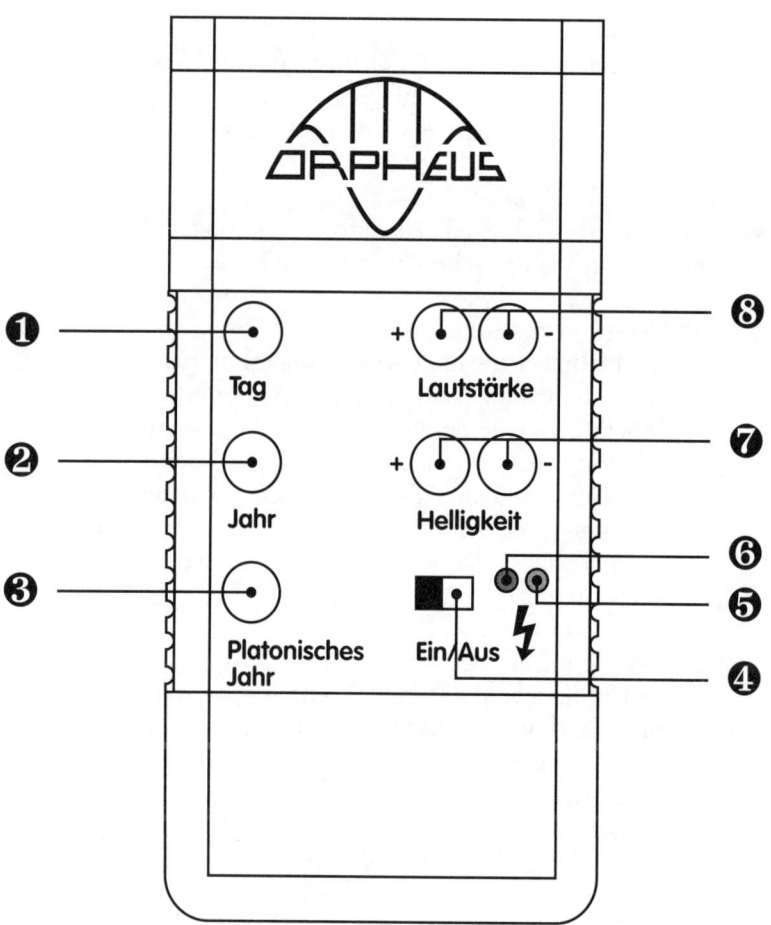

❻ Ladeanzeige (grün). Leuchtet auf, wenn das Gerät an ein Netzteil angeschlossen ist und sich im Ladevorgang befindet. Geht die Anzeige aus (bei entladenen Akkus nach ca. fünf Stunden), so ist das Gerät zu ca. 85% geladen. Danach sollte man den Ladevorgang noch ca. drei Stunden fortsetzen, um eine Aufladung der Akkus auf 100% zu erreichen.

❼ Kombinierte Helligkeitsregelung/ Einstellung der optischen Stimulation.

a) Helligkeitsregelung
Die Helligkeitsregelung erfolgt digital in 32 Stufen. Die Plustaste befindet sich innen, die Minustaste außen. Drückt man eine der beiden Tasten kurz, dann springt die Helligkeit um eine Stufe nach oben oder unten; hält man eine der beiden Tasten gedrückt, wird die Helligkeit solange erhöht oder vermindert, bis man die Taste wieder losläßt oder der Maximal- (Minimal-) wert erreicht ist.

b) Einstellung der optischen Stimulation.
Drückt man beide Tasten gleichzeitig, so ändert sich der Blinkrhythmus der LEDs in der Brille. Beim Einschalten ist das Gerät so eingestellt, daß alle LEDs gleichzeitig im Rhythmus der Schwebung blinken. Durch gleichzeitiges Drücken beider Tasten ändert sich der Blinkmodus der LEDs; nun blinken die LEDs beider Brillenhälften abwechselnd (alternierend). Durch nochmaliges Drücken beider Tasten schaltet sich das Gerät wieder in den parallelen Blinkmodus.

❽ Digitale Lautstärkeregelung in 32 Stufen. Die Plustaste befindet sich innen, die Minustaste außen. Drückt man

eine der beiden Tasten kurz, dann springt die Lautstärke um eine Stufe nach oben oder unten; hält man eine der beiden Tasten gedrückt, wird die Lautstärke solange erhöht oder vermindert, bis man die Taste wieder losläßt oder der Maximal- (Minimal-)wert erreicht ist.
Dazu gibt es noch eine "elektronische Lautstärkeskala". Hält man nämlich eine der beiden Tasten gedrückt, so hört man rhythmische Impulse. Für jede Lautstärkestufe gibt es einen Impuls; es sind also insgesamt 32.

2. Ein- und Ausgänge

❶ Buchse für die Brille (3,5 mm Klinke).
Auf keinen Fall etwas anderes als die ORPHEUS–Brille über diese Buchse betreiben, sonst kann es zu Beschädigungen kommen. Achten Sie bitte vor allem darauf, die Eingänge für Brille und Kopfhörer nicht zu verwechseln.

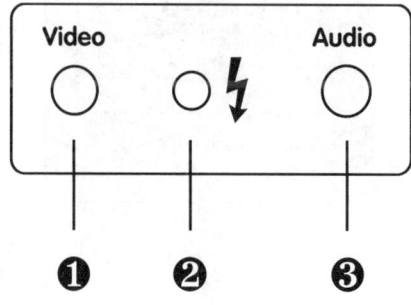

❷ Buchse für das Netzteil (2,5 mm Klinke).
Bitte nur das von der ORPHEUS GmbH als Zubehör angebotene Netzteil oder eines mit identischen Werten verwenden (siehe technische Daten).

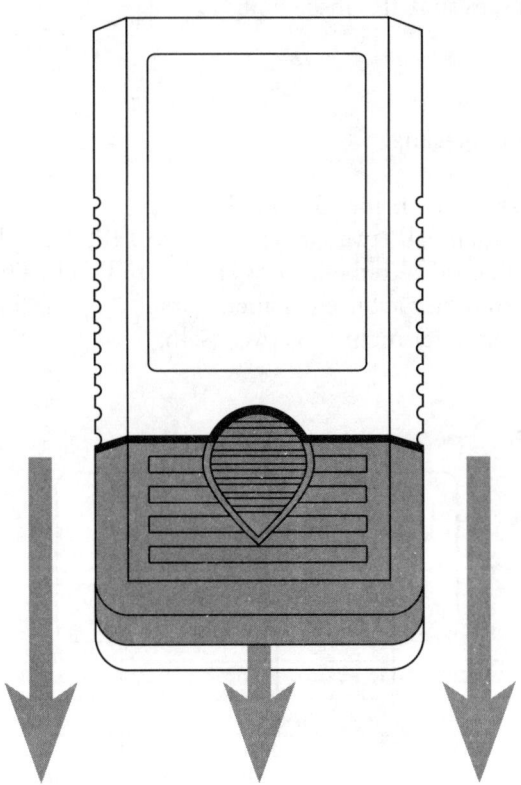

Anhang I   ORPHEUS – Das Instrument

❸   Buchse für den Kopfhörer (3,5 mm Klinke).
Die ORPHEUS GmbH liefert mit dem Gerät einen sehr
hochwertigen Kopfhörer der Marke Sennheiser (HD 50).
Sollten Sie einen noch besseren Kopfhörer besitzen, dann
können Sie damit den Hörgenuß erhöhen. Vermeiden Sie
Billigkopfhörer, wie sie bei vielen Walkmans verwendet
werden!

3. Batteriefach

Batteriefach des Gerätes. Zum Öffnen des Batteriefachs den Deckel
einfach zurückschieben, er läuft in einer Schiene. Im Inneren des
Batteriefachs befindet sich der Akkublock, der fest mit dem Gerät
verbunden ist.

4. Inbetriebnahme

Das Gerät wird mit einem Satz voll aufgeladener Akkus geliefert. Es
ist sofort betriebsbereit. Nehmen Sie die Teile (Gerät, Brille, Kopfhörer) aus den Schutzhüllen. Stecken Sie die Brille in die Buchse für
den Videoeingang und den Kopfhörer in die Buchse für den Audioeingang. Schalten Sie das Gerät ein. Prüfen Sie, ob alle vier LEDs
der Brille und der Kopfhörer einwandfrei funktionieren. Falls nicht,
sehen Sie bitte unter der Sektion **Troubleshooting** nach, um den
Fehler zu beheben.

5. Hinweise zur Behandlung des Gerätes

Sie haben mit dem ORPHEUS ein Gerät erworben, dessen Innenleben dem neuesten Stand der Technik entspricht. Der ORPHEUS
ist zwar recht unempfindlich gegen Beanspruchungen, aber einige
Dinge sollten Sie beachten, um Probleme zu vermeiden.

Wir haben deshalb einige „Grundregeln" aufgestellt, bei deren Einhaltung nichts mehr schiefgehen kann:

– Setzen Sie das Gerät keiner Feuchtigkeit, insbesondere keiner feuchten Witterung aus.

– Wir garantieren, daß der ORPHEUS zwischen -20 Grad Celsius und +70 Grad Celsius einwandfrei funktioniert; setzen Sie also Ihren ORPHEUS keinen allzu extremen Temperaturen aus (Sauna, Antarktis).

– Seien Sie vorsichtig bei sonnigem Wetter: Selbst wenn die Lufttemperatur nicht allzu hoch ist, kann sich der ORPHEUS aufgrund seiner schwarzen Farbe bei direkter Sonneneinstrahlung sehr stark erhitzen. Dadurch kann sich sowohl das Gehäuse verformen als auch die Elektronik beeinträchtigt werden.

– Normalerweise sollte der ORPHEUS einen freien Fall aus etwa einem Meter Höhe unbeschadet überstehen; lassen Sie es aber nicht darauf ankommen.

– Verwenden Sie möglichst nur das von der ORPHEUS GmbH als Zubehör angebotene Steckernetzteil; es ist den Bedürfnissen Ihres ORPHEUS optimal angepaßt. Verwenden Sie ein anderes Netzteil, so achten Sie darauf, daß es unbedingt die richtigen Werte einhält (siehe **Technische Daten**).

– Beachten Sie die Hinweise zur Pflege und Behandlung der Akkus. Sie sind im nächsten Abschnitt (6.) ausführlich beschrieben.

6. Die Stromversorgung des ORPHEUS

Der ORPHEUS funktioniert sowohl mit Akkus als auch mit dem als Zubehör erhältlichen Steckernetzteil (oder mit einem äquivalenten Netzteil Ihrer Wahl).

Wenn Sie das Gerät erhalten, dann sind die Akkus normalerweise voll aufgeladen. Voll aufgeladene Akkus ermöglichen einen netzunabhängigen Betrieb zwischen zwei und drei Stunden. Bei voller Lautstärke und maximaler Helligkeit sind es zwei Stunden, bei normalem Betrieb (mittlere Lautstärke, mittlere Helligkeit) drei Stunden.

Der ORPHEUS funktioniert so lange, bis die Spannung der Akkus unter einen gewissen Schwellenwert sinkt. Das Gerät hört dann schlagartig auf zu funktionieren; statt dessen leuchtet die rote LED Leuchtanzeige auf. Schalten Sie das Gerät aus, so geht auch die LED aus, schalten Sie es wieder ein, so leuchtet sie wieder. Lassen Sie das Gerät eine Weile ausgeschaltet und schalten es dann wieder ein, so kann es sein, daß der ORPHEUS für kurze Zeit wieder funktioniert; dies liegt daran, daß sich die Akkus bis zu einem gewissen Grad erholt haben.

Hat die rote LED erst einmal aufgeleuchtet, so ist es an der Zeit, Ihrem ORPHEUS wieder neue Kraft zuzuführen. Dazu stecken Sie das Steckernetzteil ans Netz und den Klinkenstecker des Netzteils in die mittlere Buchse an der Frontplatte des Gerätes. Nun leuchten beide LEDs auf, die grüne und die rote. Die rote LED zeigt an, daß das Gerät über das Netzteil betrieben wird; die grüne LED zeigt an, daß sich das Gerät im Ladevorgang befindet. Nach circa fünf Stunden ist das Gerät zu 85% geladen und die grüne LED geht aus. Lassen Sie den ORPHEUS dann noch ungefähr drei weitere Stunden am Netz; dann ist das Gerät zu 100% geladen. Wenn Sie den Netzstecker aus dem voll aufgeladenen Gerät ziehen und dann gleich wieder hineinstecken, so wird die grüne LED wieder aufleuchten. Das liegt daran, daß die interne Ladeschaltung immer ihr Programm abspult, wenn das Gerät vom Akkubetrieb in den Netzbetrieb übergeht; das Aufleuchten der grünen LED ist also völlig normal.

Die Ladeschaltung des ORPHEUS ist genau auf die verwendeten Akkus abgestimmt; ein spezieller IC sorgt dafür, daß die Akkus richtig und nicht zu lange geladen werden. Sie brauchen deshalb keine Angst zu haben, daß die Akkus jemals überladen oder sonst irgend wie beschädigt werden. Betreiben Sie das Gerät am Netz, dann ist die Sache noch einfacher: Stecken Sie einfach den Klinkenstecker des Netzteils in die mittlere Buchse auf der Frontplatte des Gerätes. Die rote und die grüne LED werden aufleuchten. Die rote LED ist kein Warnsignal, sondern zeigt nur an, daß das Gerät am Netz betrieben wird. Die grüne LED zeigt, wie schon erwähnt, daß die Ladeschaltung angesprungen ist. Während des Netzbetriebes werden nebenher auch noch die Akkus geladen, falls sie etwas schwach auf der Brust sind.

Die Akkus selbst brauchen nur ein Minimum an Pflege, aber folgende zwei Grundregeln sollten Sie beachten:

– Die Akkus sollten einmal alle zwei bis drei Monate vollständig entladen werden (normalerweise erledigt sich dieser Fall während eines mehrstündigen netzunabhängigen Betriebes von selbst). Häufiges Entladen hat hingegen keinen Einfluß auf die Lebensdauer der Akkus.

– Das Gerät sollte nicht zu lange (mehrere Wochen bis Monate) im entladenen Zustand herumliegen. Dieser Zustand kann übrigens auch eintreten, wenn Sie das Gerät voll geladen zu lange liegen lassen. Das Gerät verbraucht nämlich auch im ausgeschalteten Zustand eine gewisse – wenn auch sehr kleine – Menge an Strom. Sollten Sie also für ein Jahr nach Indien reisen und Ihren ORPHEUS zu Hause vergessen (was wir sehr bedauern würden), so wird sich das Gerät bis zu Ihrer Rückkehr vollständig entladen haben.

7. Die Akustik des ORPHEUS

Mit dem ORPHEUS haben Sie ein echtes HiFi–Gerät erworben. Für den entsprechenden Hörgenuß haben wir als Kopfhörer den HD 50 der Firma Sennheiser ausgesucht. Er sollte auch anspruchsvollen Ohren gerecht werden. Sie können aber auch jeden anderen Kopfhörer mit dem ORPHEUS betreiben – je besser der Kopfhörer, desto besser das Klangerlebnis. Vermeiden Sie aber billige Kopfhörer; es können Eigenresonanzen auftreten, mit einem schlechten Kopfhörer wird Ihnen der ORPHEUS nur halb soviel Freude bereiten.

Beim Einschalten des Gerätes ist die Lautstärke auf ca. 15% des Maximalwertes eingestellt. Sie können die Lautstärke individuell nachregeln (siehe **Bedienelemente**).

8. Die Optik des ORPHEUS

Die optische Stimulation durch den ORPHEUS erfolgt mittels der mitgelieferten Brille. Stecken Sie den Klinkenstecker der Brille in die mit „Video" gekennzeichnete Buchse an der Frontplatte des Gerätes. Achten Sie bitte darauf, die Buchsen für Kopfhörer und Brille nicht zu verwechseln! Beim Einschalten ist die Helligkeit der Brille auf 50% des Maximalwertes eingestellt. Sie können die Helligkeit der Brille individuell nachregeln (siehe **Bedienelemente**).

Die optische Stimulation erfolgt mit vier LEDs, zwei auf jeder Seite. Die LEDs haben eine Lichtleistung von bis zu 2500 mcd (Milli-Candela) und strahlen mit einer Wellenlänge von ca. 700 nm (Nanometer). Dieser Wert hat sich zur Lichtimpulsübertragung auf das Auge als optimal erwiesen. Wir empfehlen, daß Sie bei der Benutzung des Gerätes mit Brille die Augen schließen. Ihre Augen können zwar auch bei maximaler Helligkeit keinen Schaden leiden, aber wahrscheinlich ist es Ihnen sowieso selbst viel angenehmer, die Augen geschlossen zu halten.

Beim Einschalten ist das Gerät so eingestellt, daß alle LEDs gleichzeitig blinken. Der ORPHEUS erlaubt jedoch noch einen zweiten Modus: Drücken Sie gleichzeitig auf beide Tasten (Plus und Minus) der Helligkeitsregelung. Sie werden dann sehen, daß die LEDs auf der linken Seite und die LEDs auf der rechten Seite abwechselnd blinken. Durch nochmaliges gleichzeitiges Drücken der Tasten geht das Gerät in den parallelen Blinkmodus zurück. Durch Experimentieren können Sie selber herausfinden, welcher der beiden Modi bei Ihnen die beste Wirkung zeigt.

Beim Umschalten von einem Ton mit niedrigerer Schwebung zu einem Ton mit höherer Schwebung (z.B. vom Jahreston auf den Tageston) werden Sie feststellen, daß die Brille für ca. zwei Sekunden aufhört zu blinken. Das liegt daran, daß der Umschaltvorgang – elektronisch gesehen – nicht symmetrisch ist. Beim Umschalten von einer niedrigeren auf eine höhere Schwebung werden intern gewisse Funktionen auf ihre Ausgangswerte rückgesetzt.

9. Benutzung des Gerätes

Sie können den ORPHEUS entweder nur mit Brille, nur mit Kopfhörer, oder mit beiden zugleich betreiben. Experimente haben gezeigt, daß die Präferenzen für optische, akustische und kombinierte Stimulation sehr unterschiedlich sind. Grundsätzlich gilt, daß Sie den ORPHEUS in einer möglichst „angenehmen" Umgebung verwenden sollten; in einem bequemen Stuhl sitzend, im Bett oder auf einer Wiese liegend. Der ORPHEUS kann Sie zwar teilweise von Umwelteinflüssen abschirmen, werden diese jedoch zu stark, so wird die Wirkung beeinträchtigt.

Als Faustformel gilt: Verwenden Sie den Tageston, um sich anzuregen, den Jahreston, um sich zu entspannen und den Ton des platonischen Jahres, um zu meditieren. Drücken Sie dazu die entsprechende Taste auf der Oberseite des Gerätes. Wie gesagt, dies ist nur eine Faustformel;

es kann durchaus sein, daß z. B. der Tageston auf Sie entspannend wirkt, während er Ihren Freund oder Ihre Freundin geradezu elektrisiert.

Ausführliche Anmerkungen zur Benutzung des Gerätes finden Sie im Kapitel XVII – Set und Setting.

10. Troubleshooting

Symptom: Die Brille funktioniert nicht.
Diagnose: a) Vielleicht haben Sie den Videoausgang mit dem Audioausgang verwechselt. Vertauschen Sie die beiden Stecker.
b) Die Akkus sind leer. Betreiben Sie das Gerät mit Netzteil. Funktioniert die Brille immer noch nicht, so liegt ein echter Fehler vor. Reklamieren Sie bei dem für Sie zuständigen Vertrieb.

Symptom: Der Kopfhörer funktioniert nicht.
Diagnose: Dieselbe wie bei Nichtfunktionieren der Brille.

Symptom: Der Kopfhörer gibt laute Knackgeräusche von sich.
Diagnose: Sie haben den Videoausgang mit dem Audioausgang verwechselt.

Symptom: Die rote LED leuchtet bei Netzbetrieb.
Diagnose: Dies ist kein Fehler; die rote LED zeigt, daß die Stromversorgung nicht über den Akku, sondern über das Netz erfolgt.

Symptom: Nach dem Einschalten des Gerätes leuchtet die rote LED kurz auf und verlischt dann.
Diagnose: Die Akkuspannung ist soweit abgesunken, daß nicht

einmal mehr genügend Strom für die rote LED vorhanden ist. Das Gerät muß aufgeladen werden.

Symptom: Beim Regulieren der Lautstärke sind rhythmische Impulse zu hören.
Diagnose: Es handelt sich um die Impulse der akustischen Lautstärkeskala (siehe 1. – Bedienelemente).

Symptom: Beim Umschalten zwischen verschiedenen Tönen hört die Brille für kurze Zeit auf zu blinken.
Diagnose: Dies ist keine Fehlfunktion. Für den Grund für dieses Verhaltens siehe 8. – Die Optik des ORPHEUS.

KONTRAINDIKATIONEN

Der Einfluß auf Psyche und Bewußtsein

Die Beschäftigung mit der eigenen Psyche und dem eigenen Bewußtsein kann durch den Einsatz von Mind-Machines intensiviert werden. Daher können auch defizitäre Erscheinungen in diesen Bereichen (Psychosen, Depressionen) durch den gezielten Einsatz von ORPHEUS dem Anwender auf einmal klarer vor Augen geführt werden. Dies kann natürlich turbulente emotionelle Folgereaktionen auslösen. Auch wenn bisher keine Schäden durch den Einsatz von Mind-Machines bekannt geworden sind, kann man diese nicht von vornherein völlig ausschließen, besonders wenn vorbelastete Benutzer ohne psychotherapeutische Betreuung auskommen wollen oder müssen.

Befinden Sie sich in psychotherapeutischer oder psychiatrischer Behandlung, dann ist eine Rücksprache mit dem Arzt, Psychiater oder Therapeuten vor dem Einsatz von ORPHEUS dringend zu empfehlen. Dieses gilt besonders, wenn Sie im Rahmen einer psychologisch-neurologischen Behandlung Medikamente erhalten. Dann dürfen Sie nur nach Absprache mit ihrem Arzt eine optisch-akustische Mind-Machine, wie zum Beispiel den ORPHEUS, benutzen.

Der Einfluß auf das Schmerzempfinden

Die Tagestonschwingung regt den oberen Alphawellenbereich im Gehirn an. Diese Stimulation kann zu einer höheren Schmerzempfindlichkeit führen. Sollten Sie zum Beispiel an habitueller Migräne (eine gemeine Art von Kopfschmerzen) leiden, dann wird die Anwendung der Tagestonstimmung nicht empfohlen. In diesem Fall sollte man mit der Jahrestonstimmung beginnen, die den unteren Bereich der Theta Wellen stimuliert, wobei es bei akuten Kopfschmerzen ratsam erscheint, sich auf die akustischen Signale zu beschränken und vom Gebrauch der Brille vorerst abzusehen.

Sollten Sie verschreibungspflichtige Medikamente gegen ihre Schmerzen erhalten, dürfen Sie ORPHEUS nur nach Rücksprache mit ihrem behandelnden Arzt oder einem Neurologen gebrauchen. Bei allen akuten Schmerzen wird die Tagestonstimmung nicht anempfohlen.

Bei Katatonie und Epilepsie ORPHEUS niemals anwenden!

Hat ein Arzt bei Ihnen Symptome von Katatonie oder Epilepsie beobachtet, dürfen Sie auf gar keinen Fall optisch-akustische Mind-Machines gebrauchen. Die Einwirkung regelmäßiger Folgen von Impulsen auf das Gehirn, kann in Fällen katatonischer und epileptischer Erkrankungen zu einer Übersynchronisation der Gehirnhälften führen. Da dies auch ein symptomatisches Erscheinungsbild bei epileptischen Schüben ist, können diese durch den Gebrauch von Mind-Machines ausgelöst werden.

Anhang I   ORPHEUS – Das Instrument

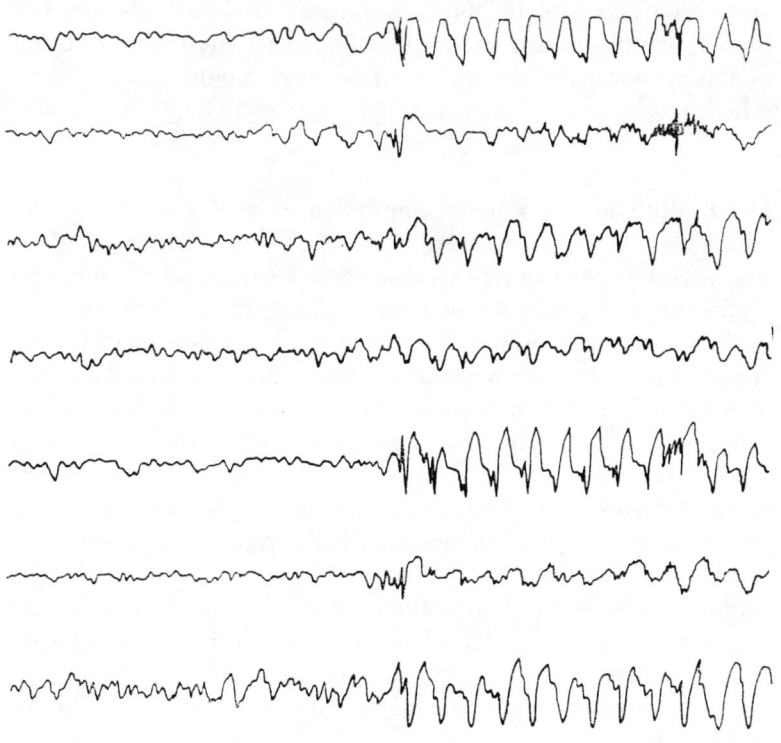

Abb. A I / 2

Diese Abbildung zeigt die Sichtbarmachung der Änderungen des elektrischen Feldes in der Hirnrinde durch die Elektroenzephalographie. Die gezeichneten Kurven zeigen das EEG eines Epileptikers, der etwa 4 Sekunden nach Beginn der Aufzeichnung einen Anfall erleidet. Man sieht, daß während des Anfalls große Hirngebiete gleichzeitig und rhythmisch starke synchrone Signale aussenden. Darum ist es nicht anzuraten, daß epilepsiegefährdete Menschen ihre Hirnströme durch äußere Stimulation zusätzlich synchronisieren.

Es gibt auch Menschen, die anfällig sind für epileptische Krampfanfälle, die jedoch nichts von ihrer latenten Epilepsie wissen. Da jedoch Epilepsie nachweislich erblich bedingt ist, sollten Menschen, bei denen in der Familie dieses Krankheitsbild in Erscheinung getreten ist, sich vor dem Gebrauch von Mind-Machines, mit ihrem Arzt in Verbindung setzen und gegebenenfalls ein EEG erstellen lassen. Auf Grund der Struktur des EEG kann der Arzt mit an Sicherheit grenzender Wahrscheinlichkeit sagen, ob Sie zum gefährdeten Personenkreis gehören, oder ob dies nicht der Fall ist.

Im Falle der Katatonie ist ebenfalls vom Gebrauch optisch-akustischer Mind-Machines dringend abzuraten. Regelmäßige Induktionen können sogenannte kataleptische Anfälle auslösen, das heißt zu Starrkrampf, ja auch zu Starrsucht führen.
Es ist ja bekannt, daß zum Beispiel „strobe lights" (Stroboskope) in Diskotheken, durch den raschen Wechsel von hellen Impulsen mit dunklen Abschnitten, von Epileptikern und Katatonikern vermieden werden sollten, da diese Erscheinungen ebenfalls Schübe auslösen können.

TECHNISCHE DATEN

Versorgungsspannung:	Nickel- Cadmium Akku 3,6 V/600 mAh interne Ladelogik
Stromaufnahme:	bei Vollast (maximale Brillenhelligkeit und Kopfhörerlautstärke) 180 mA Stromaufnahme 1 Watt Leistungsaufnahme
Netzgerät (extern) :	6,5 V / 500 mA, elektronisch stabilisiert, 2,5 mm Klinkenstecker, Pluspol an der Spitze (ORPHEUS bietet ein spezielles Netzteil als Zubehör)
Lautstärkeregelung:	elektronisch in 32 Stufen, Anfangsstellung bei ca. 15%
Helligkeitsregelung:	elektronisch in 32 Stufen, Anfangsstellung bei 50%
Nf-Verstärker:	maximale Leistung 500 mW, Klirrfaktor kleiner 1% übertrifft Norm DIN 45500 (HIFI)
Brille:	4 LED 5mm, Farbe rot, Wellenlänge ca. 660 nm, maximale Helligkeit jeweils 2500 mcl
Kopfhörer:	Typ Sennheiser HD 50, Übertragungsbereich 20 bis 20000 HZ, Nennimpedanz 42 Ohm, Nennschalldruckpegel 92 dB, maximaler Klirrfaktor kleiner 1%

Erzeugte Frequenzen:

    Tag: 103,16 HZ / 91,02 HZ / 12,14 HZ

    Jahr: 138,23 HZ / 133,98 HZ / 4,25 HZ

    Plat. Jahr: 173,40 HZ / 170,72 HZ / 2,69 HZ

Alle Frequenzen werden vom Quarz abgeleitet mittels eines speziell konstruierten Mikrochips (ASIC). Maximale Frequenzabweichung kleiner 1/100 HZ.

ANHANG II

BRAINMAN — CRANIALER ELEKTROSTIMULATOR

ORPHEUS ist ein Gerät, das zur Klasse der optisch-akustischen Gehirnstimulations-Maschinen zählt und mit sehr präzisen, kosmisch abgestimmten Frequenzen arbeitet. BRAINMAN gehört zur Klasse der cranialen Elektrostimulationsgeräte (CES). Durch die individuelle Einstellbarkeit der Teilerketten ist es mit dem BRAINMAN möglich, alle im ORPHEUS vorprogrammierten Frequenzen zu erzeugen. So kann man mit diesen beiden Geräten die eine Anwendungsform mit der anderen ergänzen — im Fachjargon sagt man, diese Geräte sind miteinander kompatibel.

Wissenswertes über Hirnwellenstimulation
(von Andreas Unglaube und Alexander Wunsch)

Gesundheit steht bei den meisten Menschen an erster Stelle ihrer Wünsche an die persönliche Zukunft. Gesund sein, das bedeutet nicht nur, frei von Krankheit zu sein. Gesundheit manifestiert sich vielmehr in körperlich-seelischer Harmonie wie im entspannten Umgang mit der Körperenergie. Denn viele organische Leiden haben ihre Ursache in seelischen Verspannungen, bei denen die herkömmliche Pharma- und Apparate-Medizin meist versagt.

Die in diesem Abschnitt beschriebenen Techniken zur Beeinflussung der Hirnwellenmuster mittels sogenannter Brain- oder Mind-Machines beziehungsweise Medizingeräten zur Hirnwellenstimulation können natürlich keinen Arzt ersetzen! Bei bestimmten Krankheiten wie Epilepsie, psychischen Störungen oder Tragen eines Herzschrittmachers muß unbedingt ein Arzt konsultiert werden, der entscheidet, ob solche Geräte angewendet werden dürfen. Befragen Sie im Zweifelsfall Ihren behandelnden Arzt.

Im Gehirn findet Informations-Übermittlung und -Verarbeitung statt. Je nach Aufgabe, die das Gehirn zu lösen hat, treten bestimmte Frequenzbänder in den (meßbaren) Vordergrund, die offenbar mit der jeweils zu lösenden Aufgabe des Gehirns zusammenhängen.

So werden bei der Ableitung der Hirnstromkurven im EEG verschiedene Frequenzbänder mit Buchstaben des griechischen Alphabetes bezeichnet, nämlich:

delta, theta, alpha, beta, gamma...

Die Zuordnung der Frequenzen zu den genannten Hirnwellenbereichen ist in der Literatur unterschiedlich vorgenommen worden. So sind zum Beispiel die Grenzen der Bereiche nicht genau definierbar und daher eher willkürlich festgelegt.

Bei der von uns verwendeten Einteilung kommen die Gesetze der Oberton-Harmonik zur Anwendung, so daß die Wellenbereiche im Oktav-Verhältnis zueinander stehen.

Der *Delta-Wellen-Bereich* umfaßt 3 Oktaven und beginnt, ebenfalls willkürlich festgelegt, bei 0,5 Hz. Die folgenden Bereiche umfassen jeweils nur eine Oktave. Somit ergibt sich folgende

Einteilung der Hirnwellenbereiche:

Delta-	Wellen	0,5	bis	4 Hz
Theta-	Wellen	4	bis	8 Hz
Alpha-	Wellen	8	bis	16 Hz
Beta-	Wellen	16	bis	32 Hz
Gamma-	Wellen	32	bis	64 Hz

Bei der Ableitung von Hirnstromkurven im EEG zeigt sich, daß eine erwachsene Versuchsperson im Tiefschlaf *Delta-Wellen* produziert, das heißt, die elektrischen Impulse aller im Gehirn tätigen Funktionseinheiten summieren sich dergestalt, daß sich an den Ableitungselektroden Potentialschwankungen im Frequenzbereich 0,5 Hz bis 4 Hz ergeben. Im Tiefschlaf finden Regenerations- und Erholungsprozesse auf physischer Ebene statt.

In REM-Schlafphasen (REM = Rapid Eye Movement), also in traumaktiven Schlafphasen, produziert das Gehirn *Theta-Wellen*, ebenso im Zustand tiefer Entspannung, zum Beispiel bei Meditationsübungen. Bei Kindern findet man *Theta-Wellen* im Wachzustand. Im Traumschlaf findet eine Regeneration auf psychischer Ebene statt (Kommunikation mit dem „Unbewußten").

Ist die Versuchsperson bei geschlossenen Augen wach und entspannt, dominieren die Frequenzen des *Alpha-Bereiches* das Bild der Hirnstromkurven.

Im Wachzustand mit geöffneten Augen produziert das Gehirn bevorzugt *Beta-Wellen*, der obere Beta-Bereich geht meist mit irgendeiner Form von Stress einher.

Bei höchster Konzentration, erhöhter Reaktionsbereitschaft, aber auch höchster Anspannung treten schließlich *Gamma-Wellen* auf. Die Stromnetzfrequenzen 50 Hz und 60 Hz, die in Europa, beziehungsweise in den USA üblich sind, führen zum Beispiel verstärkt zu Muskelverspannungen.

Zusammenfassend kann man sagen, daß mit zunehmender Hirnfrequenz die Aufmerksamkeit und die Aktivitäten in die „äußere Welt" verlagert werden, niedrige Hirnfrequenzen gehen mit einer Ausrichtung auf „innere Welten" einher.

So finden zum Beispiel im Schlaf regenerative Prozesse auf den unterschiedlichsten Ebenen statt, von der zellulären Ebene im kleinen Fußzeh (Tiefschlaf) bis hin zur Informationsintegration und Archivierung im Gehirn (Traumschlaf). Diese Prozesse werden durch Botenstoffe, die das Gehirn produziert und auch in den Körperkreislauf einschleust, gesteuert und auch beeinflußt.

Dem Gehirn steht eine ganze Palette dieser Botenstoffe oder Neurotransmitter zur Verfügung, so daß die unterschiedlichsten Funktionen sowohl im Gehirn als auch im Körper (über die elektrische Informationsübermittlung hinaus) gesteuert werden können.

Die Frequenzen der Hirnwellenbereiche gehen mit der Freisetzung bestimmter Neurotransmitter einher. In verschiedenen Studien ist es bereits gelungen, die Beeinflussung der Konzentration bestimmter Neurotransmitter durch Elektrostimulation nachzuweisen. Somit besteht die Möglichkeit, durch gezielte Stimulation mit bestimmten Frequenzen die körpereigene Produktion von Neurotransmittern zu beeinflussen.

Diese Form der Hirnwellenstimulation unterscheidet man nach der Art der zur Anwendung kommenden Impulse in Licht- und Ton-Stimulation, Vibrationsstimulation, elektromagnetische Stimulation und Elektrostimulation, wobei hier die Elektrostimulation besonders hervorgehoben werden muß, da sie durch eine Zahl von Studien, Untersuchungen und praktischen Anwendungsgebieten bisher wissenschaftlich am besten untermauert werden konnte.

Die Ärztin Meg Patterson führte den Drogenentzug bei Heroinabhängigen mittels Elektrostimulationsbehandlung durch, wobei durch die Stimulation eine Ausschüttung von Endorphinen (körpereigene Opioiden) und Serotonin hervorgerufen wurde.

Sie konnte auch aufzeigen, daß die Auswahl der richtigen Behandlungsfrequenz für den Behandlungserfolg von großer Wichtigkeit ist.

Bei dieser Art von Drogenentzug traten keine Entzugserscheinungen auf, so daß auf eine begleitende medikamentöse Behandlung verzichtet werden konnte, außerdem ist die Rückfallquote bedeutend geringer als bei einer konventionellen Suchtherapie.

Die Technologie der Elektrostimulation der Hirnwellen eröffnet dem Menschen eine Vielzahl von Anwendungsmöglichkeiten und setzt neue Horizonte hinsichtlich mentaler Selbsterforschung und Selbstprogrammierung. Sie lädt uns ein, zum Pionier des eigenen Universums zu werden und teilzuhaben an der Entdeckung des interessantesten und gleichsam am wenigsten erforschten Teils des Menschen: Dem Gehirn.

Harmonikale Bio-Kybernetik
(von Alexander Wunsch)

„Die Gesundheit eines Menschen ist eben nicht ein Kapital, das man aufzehren kann, sondern sie ist überhaupt nur dort vorhanden, wo sie in jedem Augenblick erzeugt wird. Wird sie nicht erzeugt, ist der Mensch bereits krank"

Viktor von Weizsäcker

Jede Erkrankung läßt sich an der Wurzel darauf zurückführen, daß die möglichen Reaktionsformen des Organismus eingeschränkt werden, die Regulationsfähigkeit geht sukzessive verloren. Ursache für diese Regulationsstörung ist eine Überlastung (Stress) der betroffenen Regelkreise und Stellglieder, so daß sich der Organismus vom dynamischen Zustand der Homöostase immer mehr entfernt, bis schließlich die Erkrankung manifest wird.

Stress beherrscht das Leben der meisten Menschen in unserer Zeit. Herz-Kreislauf-Erkrankungen stehen an der Spitze in der Todesursachensatistik in den Industrieländern.

Funktionelle (psychovegetative) Störungen gehören zu den häufigsten Störungen, denen ein Arzt begegnet und können als Vorstufe zu organischen Manifestationen einer Erkrankung angesehen werden.

Besonders die Einwirkungen moderner Technik tragen zur Stressgenese wesentlich bei:

> die Redundanz der Abläufe nimmt ständig ab

> der Input nimmt ständig zu

> sie schafft Möglichkeiten, die uns zwingen, sie zu nutzen

> Muskelarbeit und Körperbewegung werden minimiert

> natürliche Kohärenztaktgeber werden überlagert

> elektromagnetische Störquellen nehmen in starkem Umfang zu

Der letzte Punkt der Aufzählung verdient besondere Beachtung, da aufgrund fehlender spezifischer Sinnesorgane diese Belastungen nicht direkt bemerkt werden können.

Allen Einwirkungen ist gemeinsam, daß die Beeinflussung so langsam zunimmt, daß sie durch Gewohnheitsbildung unserer Wahrnehmung weitgehend entzieht.

Alle Stressoren rufen im Organismus das spezifische Reaktionsmuster der Stressreaktion hervor.

> Diese wird durch häufige Aktivierung regelrecht gebahnt und konditioniert, so daß bald kleinste Reize genügen, um sie in Gang zu setzen.

Jeder Stressreaktion muß eine kompensatorische Entspannungsreaktion folgen, wenn die Homöostase erhalten werden soll.

Diese Entspannungsreaktion ist physiologisch, jedoch bei den meisten Menschen verkümmert. Das Wiedererlernen dieser fundamentalen Reaktionsform ist die Grundvoraussetzung für die Erzeugung von Gesundheit. Gesundheit entsteht im Organismus aus der Kohärenz seiner Subkulturen. Das Ziel der cranialen Elektrostimulation (CES) im bio-kybernetischen Sinn besteht darin, diese Kohärenz und Harmonie zu verbessern.

Dies erfolgt durch niedrigenergetische Stimulation mit elektromagnetischen Periodizitäten hoher Kohärenz und Redundanz.

So erklärt sich die zentrale Bedeutung der cranialen Elektrostimulation (CES) für die ganzheitliche Prävention und Therapie fast aller zivilisationsbedingter Gesundheitsstörungen und Befindlichkeits-Beeinträchtigungen.

Die wichtigsten Anwendungsbereiche sind:

> psychovegetative Störungen

> Schmerzzustände und Drogenabhängigkeit

> Schlafstörungen und Depressionen

> psychomotorische Optimierung

> psychosomatische Integration

> chronobiologische Störungen

> Anwendung harmonischer Frequenzen

Wie wird nun eine Behandlung praktisch durchgeführt?

Die Umgebung hat einen wesentlichen Einfluß auf die Art der Wirkung, die erreicht werden soll, ebenso die innere Einstellung des Anwenders (vergleiche hierzu das Kapitel XVII: Set und Setting).

Frequenzbereich (siehe hierzu Kapitel XIV: Frequenz-Folge-Reaktionen) und Intensität sind wichtige Parameter der Stimulation, die vor einer Anwendung festgelegt werden müssen.

In der diesem Kapitel anschließenden Gebrauchsanweisung zum BRAINMAN CES finden Sie Tabellen, die Aufschluß über die Codierung des Gerätes geben, wenn dieses in kosmischen

Oktavverhältnissen gestimmt werden soll.

Sie können, ohne zu rechnen, den Frequenzcode „C" des gewünschten Tones für den entsprechenden Hirnwellenbereich einfach den Tabellen entnehmen.

Die Angabe des Tones bezieht sich auf die jeweilige Frequenz der Planetenstimmgabeln nach Cousto, die zum Beispiel zur Phonophorese oder Tonpunktur verwendet werden können. Die Auswahl der Frequenzen entspricht den im ORPHEUS integrierten Erdtonfrequenzen des Tages, des Jahres und des Platonischen Jahres.

Wenn also ermittelt ist, welches Frequenzband beeinflußt werden soll, wird die gewählte Frequenz eingestellt. Hierbei ist zu beachten, daß folgender Zusammenhang mit der Intensitätseinstellung besteht:

> Je genauer die Stimulationsfrequenz mit der geeigneten Individualfrequenz übereinstimmt, desto geringer muß die Intensität sein, um die erwünschte Wirkung hervorzurufen (Resonanzprinzip).

Daher ist zur empirischen Selbstkontrolle wichtig, daß Sie die Minimalintensität, das heißt, die Intensität, bei der eine Wirkung eintritt, ermitteln. Hierzu eignen sich Frequenzen aus dem Alpha- oder Beta-Bereich besonders gut, weil die gewünschte Wirkung hier sehr schnell eintritt. Suchen Sie nun in nachfolgenden Sitzungen nach Frequenzen, die bei noch geringeren Intensitäten wirksam sind.

> Bei Verwendung kosmischer (planetarischer) Frequenzen werden Sie feststellen, daß es hierfür offenbar spezielle *Kanäle* gibt, so daß deutlich geringere Intensitäten nötig sind, um die erwünschte Wirkung herbeizuführen.

> Um die Intensität so niedrig wie möglich halten zu können, sollten sämtliche Metallteile (außer den Elektroden) vom Körper entfernt werden, da die Impulse auf das Akupunktur-Meridiansystem

einwirken und Akupunktur-Meridiane zum Beispiel durch Halsketten etc. kurzgeschlossen werden können (Blockierung des Informationsflusses).

\> Trennen Sie möglichst sämtliche elektrischen Geräte im Behandlungsraum vom Stromnetz. Selbst unscheinbare Geräte, wie zum Beispiel netzbetriebene Radiowecker neben dem Bett, können zu einer erheblichen elektromagnetischen Belastung führen.

\> Denken Sie daran, daß die Störfelder nicht nur vom Verbraucher, sondern auch von der Zuleitung ausgehen und daß ELF-Wechselfelder zum Beispiel Mauern nahezu ungehindert durchdringen können. Halten Sie daher zu allen Verbrauchern und Zuleitungen, die nicht ausgeschaltet werden können (Kühlschrank, Fernseher des Nachbarn) einen möglichst großen Abstand.

\> Verwenden Sie den Ton des mittleren Sonnentages (Tageston), um den negativen Einflüssen der stetigen 50 Hertz-Information aus dem öffentlichen Stromnetz entgegenzuwirken.

BRAINMAN-Gebrauchsanweisung

1. Technische Beschreibung

Ausgangsstrom bei Belastung: 450 Mikroampère
Impulsform: biphasisches Rechteck
Impulsbreite: 50%
Frequenzumfang: Modus 1: 0,2 — 1 066,66 Hz
Modus 2: 6,4 — 34 133,33 Hz
Stromaufnahme: 8 mA
Schutzklasse: interne elektrische Stromquelle
Klassifikation: BF
Stromversorgung: 9V-Blockbatterie (6F22 oder 6LR61) oder 9V-Ni-Cd-Akkumulator
Mittlere Betriebsdauer: mit Alkali-Mangan-Batterie 20h
mit Ni-Cd-Akkumulator 100 mAh 12,5 h
Abmessungen: 2,5 x 6,0 x 12,0 cm
Gewicht: mit Akku 130 g

Brainman CES ist nach § 5 der Medizingeräteverordnung (MedGV) unter dem Zulassungszeichen 01/M-128/90 zugelassen.

Abb. A II / 1, 2

Die folgenden beiden Seiten sind der Gebrauchsanweisung zum Brainman direkt entnommen (Seiten 4 und 5).

2. Bedienelemente und Beschriftung

1 Ein- Ausschalter
2 Intensitätsregler 0 - 450 mikroA bei 10 kOhm Lastwiderstand
3 Frequenzbereich- Wahlschalter, Modus 1 (niedrig), Modus 2 (hoch)
4 Leuchtdiode, leuchtet im Rhythmus der Stimulationsfrequenz
5 Anschluß für Elektrodenstecker Klinke 3,5 mm
6 Drehcodierschalter m. Rastwerk zur Einstellung des Frequenzcodes
7 Batteriefach
8 Einstellschlüssel
9 Frequenztabelle
10 Tabelle der Hirnwellenbereiche
11 Formeln zur Berechnung des Frequenzcodes C
12 Bildzeichen Geräteklassifikation "BF "
13 Bildzeichen "Achtung, siehe Begleitpapiere"

Die Nummern beziehen sich auf die Abbildungen der Seiten 4 und 5

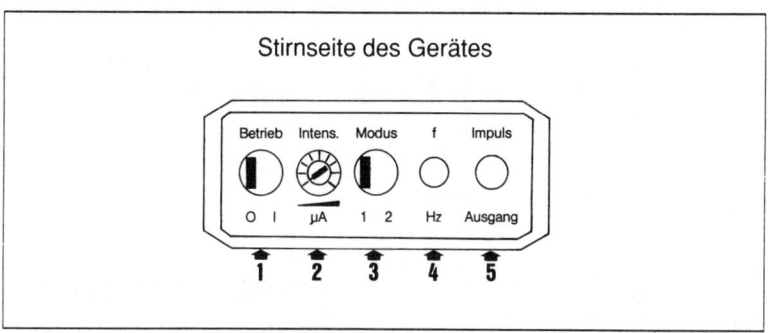

Anhang II Brainman CES

Vorderseite des Gerätes

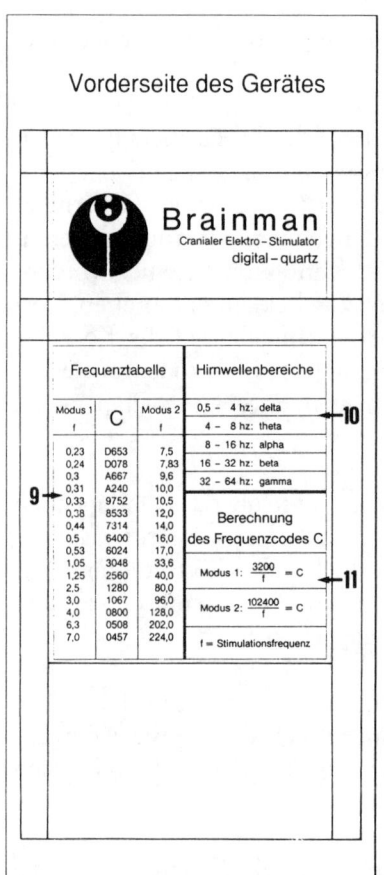

Rückseite des Gerätes

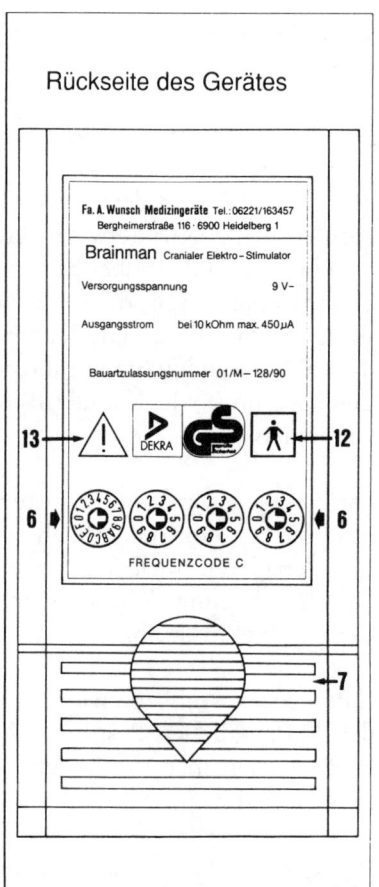

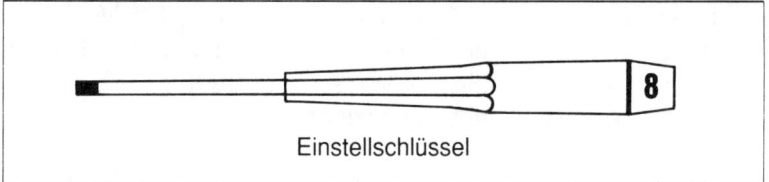

Einstellschlüssel

3. Anschluß der Elektroden

Vergewissern Sie sich, daß das Gerät mit einem Akku oder einer Batterie versehen ist.

Das Gerät wird mit wiederverwendbaren Ohrclip-Flächenelektroden – mit einstellbarem Andruck zur Anwendung an den Ohrläppchen – geliefert. **Während der Anwendung ist Ohrschmuck (Ohrringe) abzulegen!** Geben Sie etwas Elektrodencrème aus dem mitgelieferten Fläschchen auf die Silber-Silberoxyd-Kontaktfläche einer Ohrclip-Elektrode, indem Sie diese wie eine Wäscheklammer spreizen. Verstreichen Sie die Elektrodencrème gleichmäßig auf die Kontaktfläche. **Verwenden Sie nur die mitgelieferte Elektrodencrème**, um Beschädigungen der Kontaktflächen durch ungeeignete Präparate zu vermeiden.

Die Elektrode wird im gespreizten Zustand so über das Ohrläppchen geführt, daß die Kontaktfläche vorne zu liegen kommt. Lassen Sie nun den Spreizdruck nach, bis die Elektrode selbsttätig am Ohrläppchen klemmt. Wiederholen Sie den Vorgang mit der zweiten Ohrclip-Elektrode am anderen Ohrläppchen.

Indem Sie den schwarzen Gummiring einer Elektrode in eine andere der drei möglichen Positionen bringen, können Sie die Andruckstärke entsprechend verändern. Am Steckergehäuse befinden sich zwei Ersatz-Einstell-Gummiringe.

Als Zusatzausrüstung sind schraubbare Punkt-Elektroden für die Auricular-Elektro-Akupunktur in Silber und 18ct Gelbgold lieferbar. Diese werden so an die Ohrmuschel geschraubt, daß der blanke Metallkegel auf dem gewünschten Punkt zu liegen kommt, wobei zu beachten ist, daß die Andruckstärke stets so gewählt wird, daß sie nicht als unangenehm empfunden wird.

Flächen- wie auch Punkt-Elektroden sind als Sonderausführung mit einer Zusatzschaltung im Steckergehäuse erhältlich. Diese erzeugt eine Umwandlung der biphasischen Rechteckimpulsen in biphasische Sägezahnimpulse speziell für den Anwendungsbereich von 0,2 bis 30 Hz. Diese Elektrodentypen für niederfrequente Stimulation mit biphasischen Sägezahnimpulsen sind durch einen blauen Farbring am Stecker gekennzeichnet.

Vergewissern Sie sich, daß das Gerät beim Anschließen der Elektroden, ausgeschaltet ist und der Intensitätsregler am linken Anschlag steht (Intensität = Null). Stecken Sie nun den Elektrodenstecker in die dafür vorgesehene Ausgangsbuchse am Gerät. Vergewissern Sie sich, daß der Elektrodenstecker bis zum Anschlag in der Buchse ist.

4. Frequenz- und Intensitätseinstellung

Stellen Sie den mit „Modus" bezeichneten Frequenzbereich-Wahlschalter [3] auf den gewünschten Bereich (1 oder 2).

Durch Einstellen des vierstelligen Frequenzcodes C an den vier Drehcodierschaltern [6] auf der Rückseite des Gerätes mit dem mitgelieferten Einstellschlüssel [8] definieren Sie die gewünschte Stimulationsfrequenz. Hierzu führen Sie die Klinge des Einstellschlüssels in die Aussparung in der Mitte des jeweiligen Codierschalters und drehen den Pfeil auf die gewünschte Ziffer. Vergewissern Sie sich, daß der Pfeil genau auf die gewünschte Ziffer zeigt und eingerastet ist.

Der linke Codierschalter ermöglicht die Einstellung einer Zahl zwischen 0 und 15, wobei „A" der Zahl 10 entspricht, „B" entspricht 11, „C" entspricht 12, „D" entspricht 13, „E" entspricht 14 und "F" entspricht 15. Die drei weiteren Codierschalter sind einstellbar zwischen 0 und 9.

Verwenden Sie bitte nur den mitgelieferten Einstellschlüssel, um Beschädigungen an den Codierschaltern zu vermeiden.

Auf der Vorderseite des Gerätes befindet sich eine Frequenztabelle [9], der Sie die Frequenzcodes C für 32 Frequenzen und die dazugehörigen Frequenzbereich-Wahlschalter-Stellungen entnehmen können.

Beispiele:

Gewünschte Stimulationsfrequenz:	7,83 Hz
Frequenzcode C (Schuhmannfrequenz):	D 0 7 8, Modus = 2

Gewünschte Stimulationsfrequenz:	2,5 Hz
Frequenzcode C:	1 2 8 0, Modus = 1

Wenn Sie eine individuelle Stimulationsfrequenz wünschen, die nicht in der Frequenztabelle [9] aufgeführt ist, so können Sie deren Frequenzcode C leicht mittels eines Taschenrechners und den auf der Vorderseite des Gerätes angegebenen Formeln ausrechnen.

Anhang II   *Brainman CES*

Für die Betriebsart **Modus = 1** des Frequenzbereich-Wahlschalters [3] gilt die Formel: 3 200 : f = C,

für die Betriebsart **Modus = 2** gilt die Formel: 102 400 : f = C.

f = gewünschte Stimulationsfrequenz
C = Frequenzcode C, wird auf die Stelle vor dem Komma gerundet

Der mittlere Sonnentag

Ton: G   97,09 Hz
Farbe: Orange-Rot
Wirkung: Dynamisierend, vitalisierend, energieaufbauend, stärkend, tonisierend

Bereich	Frequenz in Hz	Modus	Frequenzcode
Beta	24,273	2	4219
Alpha	12,136	2	8438
Theta	6,0868	1	0527
Delta	3,034	1	1055
	1,517	1	2109
	0,759	1	4219
	0,379	1	8438

Der Alpha-Wellen-Bereich (12,136 Hz) entspricht hier genau der Schwebungsfrequenz des ORPHEUS bei der Einstellung Tag. Die Codierschalter sind für diese Frequenz wie folgt einzustellen:

Der Jahreston

Ton: Cis   136,10 Hz
Farbe: Blau-Grün (Türkis)
Wirkung: Entspannend, beruhigend, lockernd, ausgleichend,
          entkrampfend, sedierend

Bereich	Frequenz in Hz	Modus	Frequenzcode
Gamma	34,025	2	3010
Beta	17,013	2	6019
Alpha	8,506	2	C038
Theta	4,253	1	0752
Delta	2,127	1	1505
	1,063	1	3010
	0,532	1	6019

Der Theta-Wellen-Bereich (4,253 Hz) entspricht hier genau der Schwebungsfrequenz des ORPHEUS bei der Einstellung Jahr. Die Codierschalter sind für diese Frequenz wie folgt einzustellen:

Anhang II   Brainman CES

Das Platonische Jahr

Ton: F   172,06 Hz
Farbe: Rot-Violett
Wirkung: Fördert das Heitere und Klare im Geiste, fördert die
          kosmische Einheit und wirkt antidepressiv

Bereich	Frequenz in Hz	Modus	Frequenzcode
Beta	21,508	2	4761
Alpha	10,754	2	9522
Theta	5,377	1	0595
Delta	2,688	1	1190
	1,344	1	2381
	0,672	1	4761

Der Delta-Wellen-Bereich (2,688 Hz) entspricht hier genau der Schwebungsfrequenz des ORPHEUS bei der Einstellung Platonisches Jahr. Die Codierschalter sind für diese Frequenz wie folgt einzustellen:

Die individuelle Reaktion auf eine bestimmte Frequenz ist unterschiedlich, optimal wirksame Frequenzen können Sie durch Ausprobieren selbst ermitteln.

Wenn die gewünschte Frequenz eingestellt ist, wird das Gerät eingeschaltet. Dann wird der Intensitätsregler [2] im Uhrzeigersinn gedreht und so die gewünschte Intensität eingestellt.

Bei Verwendung der Flächenelektroden ist die Intensität dann richtig eingestellt, wenn noch kein Kribbeln unter den Elektroden zu spüren ist. Eine zu hohe Intensität kann zu Mißempfinden und Kopfdruck führen. In diesem Fall ist die Intensität durch Drehen des Reglers entgegen dem Uhrzeigersinn soweit zu vermindern, bis die unerwünschten Erscheinungen verschwinden. Da die erwünschte Wirkung schon bei niedrigen Intensitäten eintritt, ist diesen der Vorzug zu geben.

Bei Verwendung der Punktelektroden ist die Intensität dann richtig eingestellt, wenn gerade ein leichtes Kribbeln unter den Elektroden zu spüren ist. Eine zu hohe Intensität kann zu Hautreizungen und Schmerzempfindung unter den Elektroden führen und ist unbedingt zu vermeiden.

Ist die Intensität richtig eingestellt, kann durch Ziehen am blauen Einstellknebel des Intensitätsreglers dieser entfernt werden. Dadurch kann zum Beispiel unbeabsichtigtes Verstellen der Intensität vermieden werden. Sollte der blaue Einstellknebel nicht zur Hand sein, kann die Einstellung der Intensität mittels des Einstellschlüssels [8] vorgenommen werden.

5. Behandlungsdauer

Die Behandlungsdauer beträgt ca. 20 bis 45 Minuten, wobei für spezielle Indikationen diese Zeit auch deutlich überschritten werden kann.

6. Reinigung und Desinfektion

Die Elektroden sollten nach jedem Gebrauch mit warmen Wasser gereinigt werden. Danach können sie mit handelsüblichen Desinfektionsmitteln auf Alkoholbasis oder mit reinem Alkohol desinfiziert werden. Es ist darauf zu achten, daß die Kontaktflächen der Flächenelektroden nicht mit anderen Metallen in Berührung kommen.

Die Oberfläche des Gerätes kann mit alkoholischen Desinfektionsmitteln gereinigt werden.

7. Vorsichtmaßnahmen

> Patienten mit einem implantierten Gerät (zum Beispiel Herzschrittmacher)

> Patienten mit Anfallsleiden (Epilepsie)

> Patienten mit psychiatrischen Erkrankungen

> Patientinnen, bei denen eine Schwangerschaft besteht

sollten nicht einer Behandlung mit dem Brainman CES unterzogen werden, ohne vorher ihren Arzt zu konsultieren.

Während oder kurz nach der Anwendung des Gerätes ist die aktive Teilnahme am Straßenverkehr zu unterlassen, ebenso das Bedienen von Maschinen.

Gleichzeitige Einnahme von Medikamenten oder Alkohol kann deren Wirkungen in unerwünschtem Maße verstärken.
Gleichzeitiger Anschluß des Patienten an ein Hochfrequenz-Chirurgie-Gerät kann Verbrennungen unter den Elektroden zur Folge haben.

Betrieb nahe (1m) eines Kurzwellen- oder Mikrowellen-Therapiegerätes kann Schwankungen der Ausgangswerte des Reizstromes zur Folge haben.

Brainman CES darf ausschließlich mit dem vom Hersteller gelieferten Zubehör betrieben werden.

Die gelieferten Elektroden sind ausschließlich zur Verwendung mit Brainman CES bestimmt.

8. Wartung, Änderungen und Reparaturen

Das Gerät ist wartungsfrei.

Verantwortlich für die Sicherheit und Leistung des Gerätes betrachtet sich der Hersteller nur, wenn Änderungen und Reparaturen durch von ihm ermächtigte Personen ausgeführt werden und das Gerät in Übereinstimmung mit der Gebrauchsanweisung betrieben wird.

9. Sicherheitstechnische Kontrollen

Die sicherheitstechnischen Kontrollen entfallen. Nach § 11 MedGV sind sie nicht erforderlich.

10. Batteriewechsel

Nach 20 Betriebsstunden ist die Alkali-Mangan-Blockbatterie, nach 12,5 Betriebsstunden der Ni-Cd-Blockakku auszutauschen. Hierzu wird der Deckel des Batteriefachs [7] auf der Geräterückseite nach unten geschoben und gibt so den Batterieschacht frei. Nach Herausnahme des Energieblocks kann dieser vom Anschlußclip getrennt und durch einen frischen Energieblock ersetzt werden. Der Deckel muß beim Wiedereinsetzen in die seitlichen Führungsschienen geführt und bis zum Einrasten vorgeschoben werden.

Der Hersteller empfiehlt die umweltfreundlichere Verwendung von wiederaufladbaren Akkus zum Betrieb des Gerätes.

Bei längerem (über eine Woche) Nichtgebrauch unbedingt Energieblock entfernen.

ANMERKUNGEN / BIBLIOGRAPHIE

EINLEITUNG

[1] Johann Wolfgang v. Goethe, *Maximen und Reflexionen* Zitiert nach Fritz Stege, *Musik Magie Mystik*, S.139, Otto Reichl Verlag, St. Goar, 1961
[2] > [1] , S. 67
[3] Werner Heisenberg, *Physik und Philosophie*, S. 26, Ullstein Verlag, Berlin, 1973
[4] René Descartes, *Discours de la Méthode*, (Franz.-Deutsch, Übersetzung von L. Gäbe), Hamburg 1960
[5] René Descartes, *Meditationen über die Grundlagen der Philosophie mit den sämtlichen Einwänden und Erwiderungen* (Übersetzung von A. Buchenau 1915), Hamburg 1972
[6] > [4], II, 7
[7] René Descartes, *Regeln zur Leitung des Geistes*, XII, 17 (Übersetzung von A. Buchenau, 1920), Hamburg 1960

KAPITEL I
EIN ANTIKER MYTHOS

[1] Alfred Fankhauser, *Magie, Versuch einer astrologischen Lebensdeutung*, S. 113, E. Diederichs Verl., München 1990
[2] Samuels Shorter Plant, *Wörterbuch der Jung'schen Psychologie*, S. 43ff, München, 1989
[3] Immanuel Kant, *Kritik der Urteilskraft*, Hamburg, 1956
[4] Johannes Kepler, *Weltharmonik in 5 Büchern*, Beck, München 1938
[5] Carl Gustav Jung, *Der Mensch und seine Symbole*, s. 67ff, Walter Verlag, Olten 1968

[6] Rupert Sheldrake, *Das schöpferische Universum, die Theorie der morphogenetischen Felder*, Goldmann Verlag, 1985
[7] Ravi Shankar, *Meine Musik, mein Leben*, Nymphenburger Verlagsanstalt, München, 1968

KAPITEL II
ORPHEUS, EINE STETS LEBENDIGE MYTHISCHE GESTALT

[1] Karl Kerény, *Die Mythologie der Griechen*, Band I, S. 194, Deutscher Taschenbuch Verlag, München 1966
[2] Edward Tripp, *Reclams Lexikon der antiken Mythologie*, S. 397f,
Philipp Reclam Verlag, Stuttgart, 1974
[3] Alexander Eliot, *Mythen der Welt*, S. 188ff,
C. J. Bucher, Luzern und Frankfurt a. M., 1976
[4] Johannes Irmscher, *Lexikon der Antike*, S. 399f,
VEB, Bibliographisches Institut, Leipzig, 1985
[5] Ovid, *Metamorphosen*, XI, 1-2, S. 346, (Übersetzt von H. Breitenbach),
Philipp Reclam Verlag, Stuttgart, 1990
[6] Kenneth J. Dover, *Homosexualität in der griechischen Antike*, Beck Verlag, München, 1983
[7] > [5], X, 78ff, S. 318
[8] Rainer Maria Rilke, *Duineser Elegien. Die Sonette an Orpheus*, Sämtliche Werke, Band I, Frankfurt a. M., 1960
[9] > [1], S. 83ff
[10] > [2], S. 353f
[11] > [4], S. 369

KAPITEL III
ORPHEUS IM SPIEGEL DER KULTURGESCHICHTE

[1] Athanasius Kircher, *Musurgia Universalis*, nach Andreas Hirsch: *Artis magnae de consone... das ist philosophischer Extrakt aus der Kicherei von Fulda Musurgia*, 1662, Staatsbibliothek Berlin, zitiert nach Fritz Stege, *Musik Magie Mystik*, S. 140, O. Reichl Verl., St Goar, 1961
[2] Rainer Maria Rilke, *Duineser Elegien. Die Sonette an Orpheus*, Sämtliche Werke, Band I, Frankfurt a. M., 1960
[3] > [2]
[4] Plato, *Der Staat*, S. 378 f, (Übers. von Rufener), Zürich, 1950

KAPITEL IV
MUSIK DES KOSMOS

[1] Fritz Stege, *Musik Magie Mystik*, Otto Reichl Verlag, St. Goar, 1961
[2] Hans Schavernoch, *Die Harmonie der Sphären. Die Geschichte der Idee des Welteneinklangs und der Seeleneinstimmung*, Freiburg, 1981
[3] Friedrich Zipp, *Vom Urklang zur Weltharmonie*, Verlag Merseburger, Kassel 1985
[4] Hans Cousto, *Die Kosmische Oktave*, S. 25, Synthesis Verlag, Essen, 1984
[5] Aleks Pontvik, *Der tönende Mensch*, S. 147f, Zürich, 1962
[6] Agrippa von Nettesheim, *De occulta philosophia*, zitiert nach Fritz Stege, *Musik Magie Mystik*, S. 119, Otto Reichl Verlag, St Goar, 1961
[7] Werner Heisenberg, *Physik und Philosophie*, S. 85 Ullstein Verlag, Berlin, 1973
[8] Martin Schönberger, *Verborgener Schlüssel zum Leben, Weltformel I-Ging im genetischen Code*, S. 72ff, Otto Wilhelm Barth Verlag, München, 1973

[9]   Laotse, *Tao Te King*, LXXXI, S. 92, (Übersetzung von W. Jerven),
      Otto Wilhelm Barth Verlag, München, 1967
[10] Ashvaghosha, *The Awakening of Faith*, (Übersetzung von D. T. Suzuki), zitiert nach Fritjof Capra,
      Das Tao der Physik, S.131, O. W. Barth, München, 1983
[11] > [10], S. 132
[12] > [4], S. 135
[13] > [9], II, S. 11
[14] Jamblichos, *Pythagoras, Legende, Lehre, Lebensgestaltung*, S. 71, (Übersetzung von M. v. Albrecht), Zürich, 1963
[15] Hermann Hesse, *Das Glasperlenspiel*, S. 49, Suhrkamp Verlag, Berlin 1946

KAPITEL V
**DAS OKTAVGESETZ –
DIE VERBINDUNG ZWISCHEN HIMMEL UND ERDE**

[1]   Hermann Hesse, *Das Glasperlenspiel*, S. 35,
      Suhrkamp Verlag, Berlin 1946
[2]   Hans Cousto, *Die Kosmische Oktave*,
      Synthesis Verlag, Essen, 1984
[3]   Li Gi, *Das Buch der Sitten*, S. 76,
      Eugen Diederichs Verlag, Köln/Düsseldorf
[4]   John C. Lilly, *Das Zentrum des Zyklons*, S. 95
      Fischer Taschenbuch, Frankfurt a. M., 1976

KAPITEL VI
DIE URSCHWINGUNG DES ERDENTAGES

[1]   Paul Hindemith, *Unterweisung im Tonsatz*,
      Schott Verlag, Mainz, 1939

[2] Maria Renold, *Von Intervallen, Tonleitern, Tönen und dem Kammerton C = 128 Hz*,
Philosophisch-Anthroposophischer Verlag, Dornach, 1985
[3] Hans Cousto, *Farbton – Tonfarbe, und die Kosmische Oktave*, S. 31,
Selbstverlag, München, 1979
[4] Max Lüscher, *Klinischer Farbtest*, Basel, 1970
[5] Hans Baumer, *Spherics, die Entdeckung der Wetterstrahlung*,
Rowohlt Verlag, Reinbek bei Hamburg, 1987
[6] Hans Cousto, *Die Oktave, das Urgesetz der Harmonie*,
S. 56ff,
Verlag Simon + Leutner, Berlin, 1987
[7] Joachim Ernst Berendt, *Urtöne I*,
Hermann Bauer Verlag, Freiburg i. Brsg., 1985
[8] Hiroshi Motoyama, *Chakra-Physiologie*, (Übersetzung von Leon Duldig),
Aurum Verlag, Freiburg i. Brsg., 1980
[9] > [8], S. 114
[10] > [8], S. 122
[11] Pierre Simon Laplace, zitiert in M. Capek, *The Philosophical Impact of Contemporary Physics*, S. 122,
Van Nostrand publ., Princeton, New Jersey, 1961

KAPITEL VII
VOM FERNEN OSTEN UND DEM MITTELMEERRAUM

[1] Rupert Sheldrake, *Das schöpferische Universum, die Theorie der morphogenetischen Felder*,
Goldmann Verlag, 1985
[2] Johannes Kepler, *Weltharmonik in 5 Büchern*,
Beck, München 1938
[3] Hans Kayser, *Vom Klang der Welt*,
Max Niehans Verlag, Zürich und Leipzig, 1937

KAPITEL VIII
DIE URSCHWINGUNG DES ERDENJAHRES

[1] Maitiri Upanischade, zitiert nach Fritjof Capra,
 Das Tao der Physik, S. 87,
 O. W. Barth, München, 1983
[2] > [1], S. 91
[3] Ravi Shankar, *Meine Musik, mein Leben*,
 Nymphenburger Verlagsanstalt, München, 1968
[4] C. F. Stevens, *Die Nervenzelle, in Gehirn und Nervensystem*, S. 5,
 Spektrum der Wissenschaft, Heidelberg, 1985
[5] John C. Lilly, *Simulationen von Gott*,
 Sphinx Verlag, Basel, 1986
[6] Hiroshi Motoyama, *Chakra-Physiologie*, S. 125, (Übersetzung von Leon Duldig),
 Aurum Verlag, Freiburg, 1980

KAPITEL IX
DIE URSCHWINGUNG DES PLATONISCHEN JAHRES

[1] Frieder Anders, *Taichi, Chinas lebendige Weisheit*, S. 48,
 Eugen Diederichs Verlag, Köln, 1985
[2] I-Ging, *Das Buch der Wandlungen*, V, §1, S. 275,
 Eugen Diederichs Verlag, Köln, 1984
[3] Laotse, *Tao Te King*, I, S. 41, (Übersetzung von Richard Wilhelm),
 Eugen Diederichs Verlag, Köln, 1978
[4] Laotse, *Tao Te King*, I, S. 9, (Übersetzung von W. Jerven),
 Otto Wilhelm Barth Verlag, München, 1967
[5] > [3], XXV, S. 65
[6] > [3], XL, S. 83
[7] Huai Nan-Tzu, zitiert nach Fritjof Capra,
 Das Tao der Physik, S. 87,
 O. W. Barth, München, 1983

[8] Li Gi, *Das Buch der Sitten*, S. 73,
     Eugen Diederichs Verlag, Düsseldorf-Köln
[9] Hiroshi Motoyama, *Chakra-Physiologie*, S. 126, (Übersetzung
     von Leon Duldig),
     Aurum Verlag, Freiburg i. Brsg., 1980

KAPITEL XI
ORPHISCHE TÖNE

[1] Martin Schönberger, *Verborgener Schlüssel zum Leben,
     Weltformel I-Ging im genetischen Code*, S. 9f,
     Otto Wilhelm Barth Verlag, München, 1973
[2] > [1], S. 10
[3] H. de Witt, *Analogik*, Band I,
     Wepf + Co Verlag, Basel, 1974

KAPITEL XII
ORPHISCHE MAßE IM ALTEN ÄGYPTEN

[1] Hans Kayser, *Vom Klang der Welt*,
     Max Niehans Verlag, Zürich und Leipzig, 1937
[2] Rudolf Haase, *Grundlagen der harmonikalen Symbolik*,
     Ora Verlag, München
[3] Louis Charpentier, *Die Geheimnisse der Kathedrale
     von Chartres*, Gaia Verlag, Köln, 1972
[4] John Mitchell, *City of revelation, on the proportion and
     symbolic numbers of the cosmic temple*,
     Abacus, London, 1973
[5] Hans Cousto, *Die Kosmische Oktave*,
     Synthesis Verlag, Essen, 1984

KAPITEL XIII
MENSCHLICHE EVOLUTION UND TECHNIK

[1] Louis Pasteur, zitiert nach Theodor Reik, *Hören mit dem dritten Ohr*,
Hoffmann und Campe, Hamburg, 1976
[2] Paul Hindemith, *Unterweisung im Tonsatz*, S. 75f,
Schott Verlag, Mainz, 1939

KAPITEL XIV
FREQUENZ-FOLGE-REAKTIONEN

[1] Gerald Oster, *Auditory Beats in the Brain*,
Scientific American, September 1973
[2] Robert A. Monroe, *Der zweite Körper*,
Ansata Verlag, Interlaken, 1988

KAPITEL XV
OPTISCHE INDUKTIONEN

[1] Hiroshi Motoyama, *Chakra-Physiologie*, S. 126, (Übersetzung von Leon Duldig),
Aurum Verlag, Freiburg i. Brsg., 1980

KAPITEL XVI
DAS DRITTE OHR

[1] Friedrich Nietzsche, *Jenseits von Gut und Böse* (246), S. 167,
Philipp Reclam, Stuttgart, 1988
[2] Theodor Reik, *Hören mit dem dritten Ohr*,
Hoffmann und Campe, Hamburg, 1976
[3] > [2], S. 165

KAPITEL XVII
SET UND SETTING

[1] Timothy Leary, *Politik der Ekstase*,
 Chr. Wegner Verlag, Hamburg, 1970
[2] Johannes Holler, *Das neue Gehirn*, S. 21 und S. 475,
 Verlag Bruno Martin, Südergellersen, 1991
[3] Steve Schroyder und Hans Cousto, *Klänge Bilder Welten,
 Musik im Einklang mit der Natur*, (2 CD)
 Verlag Simon + Leutner, Berlin, 1990

Anmerkungen

QUELLENHINWEISE ZU DEN ABBILDUNGEN

VI/4, VI/5, Frieder Anders, Taichi, Köln, 1985
III/2, Hans Cousto, Farbton – Tonfarbe, München 1979
VIII/2, VIII/3, IX/1, IX/2, Hans Cousto, Die Kosmische Oktave, Essen, 1984
VI/2, VI/3, VII/2, VIII/4, Hans Cousto, Die Oktave, Berlin, 1987
V/2,VI/1, VIII/1, Hans Cousto, Klänge Bilder Welten, Berlin, 1990
XIII/1, Christian Rätsch, Pflanzen der Liebe, Bern, 1990
VII/1, Ronald Rippchen, Das Böse Bibelbuch, Löhrbach, 1991
E/1, IV/1, IV/3, VI/6, VI/7, X/2, Alfons Rosenberg, Zeichen am Himmel, Zürich, 1948
IV/2, M. Schönberger, Verborgener Schlüssel zum Leben, Scherzverlag, Bern, 1973
II/1, II/2, III/1, Orpheus, altgr. Mysterien, Köln, 1982
IX/3, IX/4, X/1, XII/1, Zeichnungen von Matthias Pauschel
IX/5, Tao Te King, München, 1978
XIV/1, XIV/2, Zeichnungen von Christian Veith
XV/1, Hubel/Wiesel, Gehirn und Nervensystem, Hamburg, 1985
XVI/1, XVII/1, Douglas/Singer, Das gr. Tantra Buch, Basel, 1985
V/1, VI/6, VI/7, VII/1, Friedrich Zipp, Vom Urklang zur Weltharmonie, Kassel 1985

LITERATURHINWEISE

A   **Anders**, Frieder, *Taichi, Chinas lebendige Weisheit*,
Eugen Diederichs Verlag, Köln, 1985
B   **Baumer**, Hans, *Spherics, die Entdeckung der Wetterstrahlung*,
Rowohlt Verlag, Reinbek bei Hamburg, 1987
Berendt, Joachim Ernst, *Das dritte Ohr*,
Rowohlt Verlag, Reinbek bei Hamburg, 1984
Berendt, Joachim Ernst, *Ich höre, also bin ich*,
Goldmann Taschenbuch, 1991
C   **Charpentier**, Louis, *Die Geheimnisse der Kathedrale von Chartres*,
Gaia Verlag, Köln, 1972
Cousto, Hans, *Farbton – Tonfarbe, und die Kosmische Oktave*,
Selbstverlag, München, 1979
Cousto, Hans, *Die Kosmische Oktave*,
Synthesis Verlag, Essen, 1984
Cousto, Hans, *Die Oktave, das Urgesetz der Harmonie*,
Verlag Simon + Leutner, Berlin, 1987
Cousto, Hans, *Klänge Bilder Welten, Musik im Einklang mit der Natur*
Verlag Simon + Leutner, Berlin, 1990
D   **Danielou**, Alain, *Einführung in die indische Musik*,
Taschenbuch z. Musikwissenschaft, Heinrichshofen, 1975
Descartes, René, *Discours de la Méthode*
(Franz.-Deutsch, Übers. von L. Gäbe), Hamburg 1960
Descartes, René, *Meditationen über die Grundlagen der Philosophie mit den sämtlichen Einwänden und Erwiderungen* (Übersetzung von A. Buchenau 1915), Hamburg 1972
Descartes, René, *Regeln zur Leitung des Geistes*, (Übersetzung von A. Buchenau, 1920), Hamburg 1960
Dover, Kenneth J., *Homosexualität in der griechischen Antike*,
Beck Verlag, München, 1983

E Eliot, Alexander, *Mythen der Welt*,
   C. J. Bucher, Luzern und Frankfurt a. M., 1976
F Fankhauser, Alfred, *Magie, Versuch einer astrologischen Lebensdeutung*,
   E. Diederichs Verl., München 1990
G Gebser, Jean, *Ursprung und Gegenwart*,
   Deutscher Taschenbuch Verlag, München, 1973
   Govinda, L. A., *Schöpferische Meditation und Multidimensionales Bewußtsein*,
   Aurum Verlag, Freiburg i. Brsg., 1977
H Haase, Rudolf, *Grundlagen der harmonikalen Symbolik*,
   Ora Verlag, München
   Hesse, Hermann, *Das Glasperlenspiel*,
   Suhrkamp Verlag, Berlin 1946
   Heisenberg, Werner, *Physik und Philosophie*,
   Ullstein Verlag, Berlin, 1973
   Hindemith, Paul, *Unterweisung im Tonsatz*, S. 75f,
   Schott Verlag, Mainz, 1939
   Holler, Johannes, *Das neue Gehirn*,
   Verlag Bruno Martin, Südergellersen, 1991
I I-Ging, *Das Buch der Wandlungen*,
   Eugen Diederichs Verlag, Köln, 1984
   Irmscher, Johannes, *Lexikon der Antike*,
   VEB, Bibliographisches Institut, Leipzig, 1985
J Jung, Carl Gustav, *Der Mensch und seine Symbole*,
   Walter Verlag, Olten 1968
K Kant, Immanuel, *Kritik der Urteilskraft*,
   Hamburg, 1956
   Kayser, Hans, *Vom Klang der Welt*,
   Max Niehans Verlag, Zürich und Leipzig, 1937
   Kayser, Hans, *Akroasis*,
   B. Schwabe Verlag, Basel, 1946
   Kepler, Johannes, *Weltharmonik in 5 Büchern*,
   Beck, München 1938

Kerény, Karl, *Die Mythologie der Griechen,*
Deutscher Taschenbuch Verlag, München 1966

L   Laotse, *Tao Te King,* (Übersetzung von Richard Wilhelm),
Eugen Diederichs Verlag, Köln, 1978
Laotse, *Tao Te King,* (Übersetzung von W. Jerven),
Otto Wilhelm Barth Verlag, München, 1967
Leary, Timothy, *Politik der Ekstase,*
Chr. Wegner Verlag, Hamburg, 1970
Li Gi, *Das Buch der Sitten,*
Eugen Diederichs Verlag, Düsseldorf-Köln
Lilly, John C., *Das Zentrum des Zyklons,*
Fischer Taschenbuch, Frankfurt a. M., 1976
Lilly, John C., *Simulationen von Gott,*
Sphinx Verlag, Basel, 1986

M   **Michell**, John, *City of revelation, on the proportion and symbolic numbers of the cosmic temple,*
Abacus, London, 1973
Monroe, Robert A., *Der zweite Körper,*
Ansata Verlag, Interlaken, 1988
Motoyama, Hiroshi, *Chakra-Physiologie,* (Übersetzung von Leon Duldig),
Aurum Verlag, Freiburg i. Brsg., 1980

N   **Nietzsche**, Friedrich, *Jenseits von Gut und Böse,*
Philipp Reclam, Stuttgart, 1988

O   **Ovid**, *Metamorphosen,* (Übersetzt von H. Breitenbach),
Philipp Reclam Verlag, Stuttgart, 1990

R   **Reik**, Theodor, *Hören mit dem dritten Ohr,*
Hoffmann und Campe, Hamburg, 1976
Renold, Maria, *Von Intervallen, Tonleitern, Tönen und dem Kammerton C = 128 Hz,*
Philosophisch-Anthroposophischer Verlag, Dornach, 1985

S   **Schavernoch**, Hans, *Die Harmonie der Sphären. Die Geschichte der Idee des Welteneinklangs und der Seeleneinstimmung,*
Freiburg, 1981

Schönberger, Martin, *Verborgener Schlüssel zum Leben,
Weltformel I-Ging im genetischen Code*,
Otto Wilhelm Barth Verlag, München, 1973
Shankar, Ravi, *Meine Musik, mein Leben*,
Nymphenburger Verlagsanstalt, München, 1968
Sheldrake, Rupert, *Das schöpferische Universum,
die Theorie der morphogenetischen Felder*,
Goldmann Verlag, 1985
Stege, Fritz, *Musik Magie Mystik*,
Otto Reichl Verlag, St. Goar, 1961

T   **Tripp**, Edward, *Reclams Lexikon der antiken Mythologie*,
Philipp Reclam Verlag, Stuttgart, 1974

Z   **Zipp**, Friedrich, *Vom Urklang zur Weltharmonie*,
Verlag Merseburger, Kassel 1985

BÜCHER ZUM THEMA

Farbton – Tonfarbe und die Kosmische Oktave

Die Urschrift von Hans Cousto mit den grundlegenden Berechnungen für die Erd-, Mond- und Planetentöne. Diese Broschüre enthält eine ganze Reihe von Tabellen und zahlreiche Hinweise für Instrumentenstimmer und Toningenieure. Eine ausführliche Broschüre für den professionellen Tontechniker und Harmoniker.

Der Zusammenhang vom Glasperlenspiel (für das Hermann Hesse den Nobelpreis für Literatur erhielt) und dem Gesetz der Oktave wird in dieser Broschüre an Hand zahlreicher Zitate aus dem o.g. Buch deutlich erkennbar. Diese Broschüre ist sozusagen ein Anleitungsbuch für Glasperlenspieler.

Farbton - Tonfarbe und die Kosmische Oktave
48 Seiten, (Text Deutsch / Englisch) Großformat, diverse Tabellen und Graphiken, kart., Selbstverlag, München 1979, DM/SFr. 12.-

Die Kosmische Oktave
Der Weg zum universellen Einklang

Dieses Werk bietet eine einmalige Gesamtschau eines neuen, wissenschaftlichen Weltbildes und erläutert die direkten Zusammenhänge von Tönen, Farben und den Schwingungen des Universums. Cousto's Werk ist eine der wichtigsten naturwissenschaftliche Neuerscheinungen. Hiermit haben wir den Schlüssel zu dem „Spiel der Spiele": Die Quintessenz eines Glasperlenspielers nach Hermann Hesse eröffnet sich jedem, der sich eingehend mit diesem prächtigen Werk beschäftigt.

"Die Kosmische Oktave" ist für ein in den Naturwissenschaften vorgebildetes Fachpublikum geschrieben. Es enthält alle mathemati-

Weitere Hinweise zum Thema

schen und physikalischen Grundlagen, um aus astronomischen Beobachtungsdaten von Planetenbewegungen die dazugehörigen Stimmtöne zu berechnen. Weiter werden darin sehr ausführlich viele harmonikale Zusammenhänge, die zwischen Wissenschaft und Kunst bestehen, abgehandelt.

Die Kosmische Oktave
240 Seiten, 50 Graphiken, zahlreiche Tabellen, 32 Seiten wissenschaftlicher Anhang, 15 Farbtafeln, Synthesis Verlag, Essen 1984, DM 29,80, SFr. 28.-
ISBN 3-922026-24-9

Die Oktave
Das Urgesetz der Harmonie

Die Darstellung der Oktave als integrales Harmoniegesetz erfolgt auf populärwissenschaftliche Art und ist für ein breites Publikum gedacht. Durch das Oktavgesetz werden die natürlichen, harmonischen Wirkungen von Tönen und Farben auf den Menschen erklärt.

Von allen Intervallen ist die Oktave dasjenige, welches bei gleichem Energieniveau die stärkste Resonanz auslöst. Diese besondere Eigenschaft der Oktave führt der Schweizer Musikwissenschaftler Hans Cousto in diesem Buch deutlich vor und zeigt auf, daß das Gesetz der Oktave nicht nur auf den Bereich der hörbaren Schwingungen anwendbar ist, sondern auf alle periodischen Phänomene wie die Erdrotation oder die Planetenumläufe und zeigt deren Wirkung in anderen Bereichen auf, wie atmosphärische oder auch mikrobiologische Schwingungen.

Die Oktave
144 Seiten, 40 Abbildungen, Broschur
Verlag Simon + Leutner, Berlin 1987, DM 24,80, SFr. 23.-
ISBN 3-922389-21-X

Klänge Bilder Welten
Musik im Einklang mit der Natur

Ein künstlerisch-wissenschaftliches Grundlagenwerk zur visuellen und akustischen Vergegenwärtigung der Welt. In dem Buch wird methodisch die naturwissenschaftliche Basis meditativer und therapeutischer Musik aufgezeigt.

Ausgehend von den harmonikalen Strukturen der Astronomie wie der Astrologie wird die Vertonung der Aspekte (Winkelbeziehungen der Planeten) in ihren musikalischen Bezügen wie auch in ihrem Einfluß auf den Menschen erläutert. Klänge Bilder Welten bietet alle fachlichen Informationen für wirklich stimmige, weil kosmisch gestimmte, Musik.

Die Graphiken dieses Buches entstanden in Zusammenarbeit mit Bernd Happel, mit dessen Programmen alle astronomischen Berechnungen durchgeführt und alle graphischen Darstellungen gestaltet werden. Sehr viele Farbtafeln und Bilder veranschaulichen den theoretischen Inhalt des Werkes.

Dieses Buch richtet sich nicht nur an Astrologen, Harmoniker und Esoteriker, sondern vornehmlich an Musiker und Therapeuten, wie auch an den allgemein interessierten Laien.

Die Welt ist Klang – mit Cousto ist es erstmals möglich, sinnlich zu erfahren, was dieses bedeutet. Die energetischen Wirkungen der planetaren Rhythmen werden hier einleuchtend erklärt – mit einem enormen Erkenntniswert für unser tägliches Leben.

Klänge Bilder Welten
288 Seiten, zahlreiche Graphiken, 48 Farbtafeln, 32 Seiten wissenschaftlicher Anhang, Verlag Simon + Leutner, Berlin 1989, DM 48.-, SFr. 44.-
ISBN 3-922389-30-9

SPEZIALSTIMMGABELN

Alle in Coustos Büchern angegebenen und besprochenen planetarischen Töne sind als Stimmgabeln erhältlich.

Die Stimmgabeln in Standardausführung werden von Hand geschliffen und sind bei 20 Grad Celsius geeicht. Ihre Genauigkeit übertrifft bei weitem die „DIN-Norm". Sie sind aus Edelstahl gefertigt, vernickelt und verchromt. Diese Stimmgabeln haben rechteckige Gabelarme (4 x 8 mm) und schwingen bis zu drei Minuten. Die folgende Tabelle zeigt alle von Cousto astronomisch abgeleiteten Töne. Dazu werden die jeweiligen Schwingungszahlen in Hertz angegeben.

Erdtöne

Sterntag	194,71	Mittl. Sonnentag	194,18
Jahr	136,10	Platonisches Jahr	172,06

Mondtöne

Synodischer Monat	210,42	Siderischer Monat	227,43
Metonischer Zyklus	229,22	Sarosperiode	241,56
Knotenumlauf	234,16	Apsidenumlauf	246,04
Kulminationsperiode	187.61		

Planetentöne

Merkur	141,27	Saturn	147,85
Venus	221,23	Uranus	207,36
Mars	144,72	Neptun	211,44
Jupiter	183,58	Pluto	140,25

Sonnenton
Der Ton der Gravitationslänge der Sonne   126,22

Der Jahres- und der Sonnenton sind auch in vergoldeter/versilberter Version, der Synod. Monat versilbert erhältlich.

TONTRÄGER

Alle hier vorgestellten Produkte enthalten ausschließlich Musik, die auf Grundtöne der „Kosmischen Oktave" eingestimmt ist.

Klänge Bilder Welten
Die Musik zum gleichnamigen Buch. Die Stimmungen des Tages, des Jahres, des Platonischen Jahres und des Mondes – von Hans Cousto und Steve Schroyder strukturiert und komponiert.
2 CD, 2 MC, Vision Musik und Simon+Leutner, Berlin 1990

Musik for Breathing; Steve Schroyder
Kosmisch Atmen und Entspannen mit Musik
MC, Planetware, München 1990

Planets; Star Sounds Orchestra
8 Musikstücke, jeweils basierend auf einem der Planetentöne
CD, MC, Fønix Musik, Arhus / Dänemark 1990

Gongs; Jens Zygar
Gong-Klanggemälde in den Farben des Sonnensystems
CD, MC, Fønix Musik, Arhus / Dänemark, 1990

Sandawa Sounds; Klein. Reimann & Friends
Musik mit mehrsaitigen Monochorden
CD, MC, TGF records, Friedrichsthal 1989

Sound of the Planets; Nisarg & Chinmatra
Planetare Chakrenmusik
MC, Om Mani Padme Hum Music Prod., Köln 1989

Urtöne 1,2,3; Joachim-Ernst Berendt
Monochord-Klangteppiche ohne Melodien und Rhythmen
je 2 CD, 2 MC, Bauer Verlag, Freiburg 1984, 87, 91

MUSIKINSTRUMENTE

Gongs, Klangröhren, Flöten, Windspiele – alle Instrumente werden von Hand gebaut und auf die Töne und Harmonien der „Kosmischen Oktave" nach Cousto eingestimmt. Sonderanfertigungen sind auf Wunsch möglich.

BEZUGSQUELLEN

Die in diesem Anhang vorgestellten Produkte der „Kosmischen Oktave" sind vereinzelt in Buchhandlungen, Naturkost- oder in Musik- und Plattenläden erhältlich. Je nach fachlicher Ausgestaltung des Geschäfts in Richtung eines „esoterischen Gemischtwarenhandels" kann das Angebot durchaus reichhaltig sein. Nicht immer jedoch ist das Personal auch kompetent genug, den Kunden wirklich sachkundig zu beraten. Daher geben wir nachstehend zwei Adressen an, über welche der Interessent oder die Interessentin nicht nur sämtliche hier vorgestellten Produkte beziehen kann, sondern auch den aktuellen Info-Service zu Allem, rund um die „Kosmischen Oktave", bekommt.

in Deutschland:

PLANETWARE
Fritz Dobretzberger
Birkenstaße 23 b
D-8038 Gröbenzell
Tel. 08142-58106
Fax 08142-58204

in der Schweiz:

DOGON
Roger Liggenstorfer
Ritter Quai 2-4
CH-4502 Solothurn
Tel. 0041-65-236444
Fax 0041-65-0350

SIMON+LEUTNER

Andro
Männer lernen lieben

Samuel Avital
Mimenspiel
Die Kunst der Körpersprache

Roland Bäurle
Körpertypen
Vom Typentrauma zum Traumtypen

R.Bahro, A.Holl u.a.
Radikalität im Heiligenschein

Hilde Beck-Avellis
Fibel des autogenen Trainings

Inge Biermann
AtemWege
Atemarbeit nach Langenbeck

Hans Cousto
Die Oktave
Das Urgesetz der Harmonie

Klänge Bilder Welten
Musik im Einklang mit der Natur

Ulrich Gressieker
Vaterschaft
oder wie ich schwanger wurde

Jenny James
Männer im Bett

Hartmut Müller
Spiel Tarot — Spiel Leben
Schule des intuitiven Tarot

Margo Naslednikov
Tantra — Weg der Ekstase
Die Sexualität des neuen Menschen

Frank Natale
Lebendige Beziehungen
Die 20 Qualitäten der Liebe

Karin Petersen
Aber die Liebe
... nicht Anfang noch Ende sie kennt

Herbstzeitlose
Eine tantrische Liebesgeschichte

Jack Lee Rosenberg
Orgasmus

Steve Schroyder
Klänge Bilder Welten
Die Rhythmen der Erde (2 CD)

John Selby
Wieder klar sehen
Zur Heilung von Kurzsichtigkeit

Franz Simon
Flirt mit der Negativität
Eine ehrliche Konfrontation

Penny Slinger und Nick Douglas
Das geheime Dakini Orakel Buch

Dakini Orakel Deck

Klausbernd Vollmar
Dreampower
Ein Handbuch für Träumer

Der letzte Schrei aus dem Jenseits
Über Channeling und Lichtarbeit

Eigene Notizen

Eigene Notizen

Eigene Notizen

Eigene Notizen

Eigene Notizen

Eigene Notizen